U0057596

IKIGAI

The Japanese Secret to a Long and Happy Life

富足樂齡

日本生活美學的長壽祕訣

埃克特・賈西亞
Héctor García

法蘭塞斯克・米拉萊斯
Francesc Miralles

著

歐陽石曉————譯

給我的兄弟埃托爾，他常對我說：「兄弟，我不知該如何度過我的人生！」

——埃克特·賈西亞

給我所有過去的、現在的和將來的朋友，你們是我一路上的歸屬和動力。

——法蘭塞斯克·米拉萊斯

只有保持活躍，你才會想要長命百歲。

——日本諺語

目錄

一個神祕的詞：*ikigai*

這本書起源於東京的一個雨夜，我們兩位作者在這座城市逐日激增的小酒館中碰頭。

我們讀過彼此的作品，但由於東京和巴賽隆納之間相隔的一萬多公里，一直未能碰面。一位共同的朋友介紹了我們認識，這份友情不僅促成了這本書，也將持續一生。

第二次見面是在一年後。我們在東京市中心的公園散步，開始聊起西方心理學的流派，尤其是意義治療，即生命意義的療法。

我們談到與其他心理學派相比，維克多·法蘭克[1]的治療方式——至少在心理諮商方面——已經不再流行。然而，人類將繼續尋找我們所做所為的意義以及生活的意義。我們自問：

我活著的意義是什麼？

僅僅是過完活著的每一年，抑或在這個世界上有著更崇高的使命？

為什麼有些人知道自己想要什麼並且充滿熱情地活著，有些人卻在迷茫中心力交瘁？

註1　Viktor Frankl, 1905-1997，奧地利神經學家和精神病學家，意義治療的創辦人。

在我們的交談中，出現了那個神祕的詞：*ikigai*。

這個來自日本的概念，可以大致翻譯為「保持忙碌的幸福」，它與意義治療有一定的關係，卻又遠遠超越了後者。這個詞似乎解釋了日本人——特別是沖繩島的居民——超乎尋常的長壽原因之一。在沖繩，每10萬個居民中就有24.55位百歲老人，遠遠超過世界平均值。研究表明，這些住在日本南部海島的居民之所以比世界上任何其他地方的居民都要活得更長久，除了飲食、簡單的戶外生活、綠茶或亞熱帶氣候（那裡的平均氣溫與夏威夷近似），更重要的是 *ikigai* 主宰了他們的生活。

在調查研究中，我們發現西方還沒有一本關於這個概念的書籍出版，能從諮商心理學或個人成長出發、深入這個哲學，並將它傳授給西方的讀者。

ikigai 是沖繩的百歲老人多過其他地方的原因嗎？它如何影響當地居民，讓他們直到生命的最後一刻都保持忙碌？長壽且幸福生活的祕訣是什麼？就在我們對此一探究竟的時候，我們發現沖繩北部有個尤為特殊的村莊，其中的3,000居民擁有全世界最高的長壽指數，因此它也被稱為「百歲村」。

大宜味村——那個百歲村的名字——的老人直到生命最後階段，都表現出積極樂觀的生活態度，因此我們決定對日本

的百歲老人進行田野調查。

在經過一年的理論研究後，我們帶著攝影機和錄音機來到這個村莊。

那裡的人們使用一種古老的語言，並且信奉萬物有靈論的宗教：*Bunagaya*，崇拜的對象是個住在森林裡的神祕長毛精靈。

由於大宜味村缺乏旅遊設施，我們只得住在一棟距離村子20公里的屋子裡。剛到那兒，我們立即感受到村民超乎尋常的友善，這些在純淨的水灌溉的綠色山坡圍繞下的人們，一直說說笑笑。

那裡是日本最大的 shikuwasa^{註2} 產地，這種沖繩香檬的抗氧化功效極高——難道這就是大宜味村居民長壽的祕密嗎？抑或是泡辣木茶所使用的純淨水源？在採訪當地老人的過程中，我們漸漸發現，在這些本地物產的背後，還有一些更深層的事物，箇中關鍵即當地居民發自內心的莫大喜悅，這喜悅伴隨他們度過長久且愉快的一生。

神祕的 *ikigai* 再一次出現。然而，它到底包含些什麼？如何能夠得到它？讓我們無比驚訝的是，在沖繩這個因第二次世界大戰喪失20萬條生命的地方，這個長壽者的天堂幾乎是完

註2　沖繩香檬，又稱「扁實檸檬」。

整地保留了下來。

　　沖繩的居民並沒有對侵略者懷恨在心，相反地，他們秉承一句當地的諺語：*icharibachode*，意為「像對待兄妹一般對待所有人，儘管你們只是初次見面」。

　　事實上，大宜味村居民的祕密之一即是彼此的群體歸屬感。他們從小就練習團隊合作，學習人與人之間如何互相幫助。維繫友情、清淡的飲食、適當的休息和輕微的運動，都是健康的因素，但在這 *joiedevivre* [註3] 的中心，那個促使人們長命百歲、慶祝每一個日出的生之喜悅，則來自每個人的 *ikigai*。

　　這本書將揭開日本百歲老人長壽且幸福生活的祕密，並提供給你必要的工具，去尋找你自己的 *ikigai*。

　　找到了 *ikigai*，即找到了完成這悠長美好旅程所需的一切。

　　祝你旅途愉快！

埃克特・賈西亞

法蘭塞斯克・米拉萊斯

註3　法語，意為「生活之歡樂，盡享生活之樂趣」。

Chapter. I

ikigai

—— 常保青春的藝術

你存在的意義是什麼？

　　日本人認為，每個人都有自己的 *ikigai*──法國哲學家或許會翻譯成 raison d'être[註4]。一些人找到並能感受到 *ikigai* 的存在，而另一些人則還在尋找未曾露面的 *ikigai*。

　　ikigai 藏在我們體內，想要找到它，需要對自我做一番耐心而深刻的探索。對出生在沖繩這座擁有世界最多百歲老人島嶼上的居民而言，*ikigai* 是「我們每個人清晨起床的動力」。

馬克溫（Marc Winn）圖

註4　法語，意為「存在的理由」。

無論如何，請不要退休

定義明確的 *ikigai* 能為我們的生活帶來滿足、幸福和意義。這本書不僅會帶領你找到屬於自己的 *ikigai*，也要為你身心靈持續的健康，分享日本哲學中的諸多洞見。

住在日本，你會因人們即使在退休後依然保持的活躍而感到驚訝。事實上，許多日本人從未真正「退休」──只要健康狀況允許，他們就會繼續做自己喜歡的事。

與英語不同，在日語中事實上並沒有像「退休」這種表示「永遠離開勞動力」的詞。就像對這個國家非常瞭解的《國家地理》記者丹‧布特納（Dan Buettner）所說的，在日本文化中，擁有一個生活目的非常重要，也因此並不存在我們所謂的「退休」。

青春（幾乎）永駐的島嶼

一些關於長壽的研究表明，社區意識和定義明確的 *ikigai*，與日本著名的健康飲食法同樣重要；甚至還更重要。最近關於來自沖繩與其他所謂「藍色寶地」（Blue Zones）──這裡的人們活得更久的地理區域 ──百歲老人的醫學研究，對這些特別長壽的人類提出了許多有意思的事實：

- 除了比世界上其他地區的居民長壽以外，他們也更少患上癌症、心臟病等慢性疾病；炎症疾病也不常見。
- 比其他地方的年長者來說，這些百歲老人擁有難以想像的、令人羨慕的活力和健康狀態。
- 他們血液中的自由基（導致細胞老化的罪魁禍首）含量很低，這得益於當地的飲茶文化，以及吃到八分飽的飲食習慣。
- 女性的更年期症狀和緩得多，而且男性和女性直到非常高齡都還維持著較高的性激素水準。
- 失智症的比例也遠低於世界平均。

儘管我們會在整本書中關注這每一方面，研究仍明確指出，沖繩居民注重的 *ikigai*，提供了他們每人每天的目的感，並對其健康和長壽扮演了重要角色。

Ikigai 代表的字義

日文中，*ikigai* 寫作「生き甲斐」，結合了意為「生活」的「生き」，與意為「值得」的「甲斐」。「甲斐」可以再分為有「裝甲」、「第一」、「首當其衝」（在戰場上像個首領般地主動衝鋒陷陣）之意的「甲」，和代表「優雅」、「美麗」的「斐」。

5個藍色寶地

沖繩在全世界的「藍色寶地」中排名第一。在沖繩，女性壽命也比世界其他地區的女性更長、罹患的疾病則更少。丹‧布特納在他的《藍色寶地》（*The Blue Zones*）一書中指出並分析了以下5個地區：

1. 日本的沖繩（尤其是島的北部）。當地居民吃大量的蔬菜和豆腐，基本上都以小碟子盛裝。除此之外，他們的 *ikigai* 哲學、*moai*，或說非常親密的友伴連結，都對他們的長壽扮演重要角色。
2. 義大利的薩丁尼亞（尤指努奧羅省〔Ogliastra〕和奧利亞斯特拉省〔Ogliastra〕）。該島的居民食用大量蔬菜，並每天飲用1-2杯葡萄酒。與沖繩相同，社群的凝聚性是另一個與長壽有關的因素。
3. 美國加州的羅馬琳達（Loma Linda）。研究人員研究了基督復臨安息日會成員，他們是美國最長壽的一群人。
4. 哥斯大黎加的尼科亞半島（The Nicoya Peninsula）。當地超過90歲的居民都還驚人地活躍；該區的許多年長者都可以在每天早上5點半起床並下田工作。

5. 希臘的伊卡利亞島（Ikaria）。在這個靠近土耳其海岸的地方，每3個人就有1人壽命超過90歲（相較其共和國比例不到1%），這也為它贏得了「長壽島」的美譽。當地人長壽的祕訣，大概是他們至今依然維持著可追溯到西元前500年的生活方式。

　　在接下來幾章，我們將檢驗這些藍色寶地居民一些共同的長壽因子，尤其是對沖繩這個「百歲老人村」。然而，首先值得指出的一點是，這5個藍色寶地中有3個是島嶼，資源相對貧乏，社群之間需要互相幫助。

　　對許多人來說，彼此幫助或許就是一種夠強大的 *ikigai*，讓他們一直生龍活虎。

　　根據科學家對這5個「藍色寶地」居民生活方式的研究，發現他們長壽的祕訣在於飲食、鍛煉、擁有生活的目標（一個 *ikigai*）和形成強力的社交連結──廣泛的交友和良好的家庭關係。

　　這些社群成員為了減少壓力會妥善安排自己的時間，攝取較少的肉類和加工食品，並且適度飲酒。註5

　　他們並不做非常劇烈的運動，而是保持每天鍛煉或散步，或是在菜園裡勞動。藍色寶地的居民喜歡走路而非開車。園藝

幾乎是這5個區域居民的共通活動，因為它是每天都能做的低強度活動。

80％的祕密

在日本，你在飯前或飯後最常聽他們說的一句話是 *Hara hachi bu*（腹八分目），大意是「吃到八分飽」，源自古代的智慧、建議人們不要吃得太撐。正因如此，當地人在感到胃有八分飽的時候，便停止進食，不會強迫身體吃下所有食物，令細胞氧化加劇並導致更漫長的消化過程。

也許這樣一個簡單的道理，即是沖繩人長壽的祕訣之一。

他們的飲食中包括：豐富的豆腐、紅薯、魚類（1週3次），以及大量的蔬菜（每天300克）。在關於飲食的章節，我

註5　丹・布特納（Dan Buettner）。《藍色寶地：解開長壽真相，延續美好人生》（*The Blue Zones: Lessons for Living Longer from the People Who've Lived the Longest*）。在藍色寶地的人（復臨信徒除外）經常但有節制地飲酒。有節制飲酒的人比那些不喝酒的活得更長。祕訣是每天喝個1、2杯（最好是薩丁尼亞的格那希紅酒），和朋友一起並／或是搭配食物。而且不：你不能在週六一口氣喝完1禮拜的14杯份。取自網頁 https://www.bluezones.com/ 2016/ 11/ power-9/#sthash.4LTc0NED.dpuf.

們將介紹這八分飽的抗氧化健康飲食中，具體都包含了什麼。

呈現食物的方式同樣也非常重要。日本人將食物分裝在多個小碟子裡，這樣人們往往吃得更少一些。這也是為什麼住在日本的西方人通常會瘦下來，並能保持苗條的身材。

營養學家最新的研究發現，沖繩居民每天攝入的熱量大概是1,800-1,900卡路里，身高體重指數[註6]在18-22之間；相較之下，美國居民每天攝入的熱量是2,200-3,300卡路里、身高體重指數的平均值則落在26或27。

Moai：為生存互助

與當地社群形成緊密連結是沖繩的傳統——鹿兒島[註7]也有這個傳統——所謂 *moai*（模合）是指一個因共同興趣而組成的非正式團體，團體中的成員會彼此互相幫助。對很多當地人而言，社群工作已成了他們的 *ikigai* 之一。

moai 源起於那些歉收的年頭，農人交換更好的務農方式，幫忙其他人度過荒年。*moai* 的成員每個月都會交給團體一筆

註6　Body Mass Index，簡稱 BMI。
註7　位於日本九州南端的城市。

費用，以參加會議、聚餐、圍棋或將棋[註8]賽，或其他共同嗜好的活動。

用作活動的會費如有剩餘，成員之一（基本上是輪流）將會從中得到一筆金額。比如你每個月繳納5,000日元，2年後你將得到5萬日元（藉他人的幫助來存錢的一種方式），而在2年零1個月後、另一個 *moai* 的朋友也將獲得5萬日元。*moai* 小組的財務資訊都記錄在專門的筆記本中，稱為 *moaicho*（模合帳）。這麼做也有助於 *moai* 成員保持情緒與財務上的穩定。如果某個組員遇到財務上的困難，他或她還可以向團體預支一筆錢。每個 *moai* 小組的財務和會計規定會依它們不同的經濟狀況有所不同，而這種歸屬感和支持會帶給個體安全感，也有益於延長壽命。

在簡要介紹了本書的主要內容之後，我們將開始檢視現代社會未老先衰的原因，再來探索與 *ikigai* 有關的不同因素。

註8　shogi，又稱日本象棋。

Chapter. II

延緩老化的祕訣

—— 日常生活中有利於健康
長壽的小事

| 第二章 |

長壽的逃脫速度[註9]

　　在過去一個多世紀，人類每活一年就會增加約0.3年的壽命。如果我們能夠利用最先進的技術、讓每年增加至少1歲的壽命，會發生什麼事？理論上，人類將因此實現長生不老，因為在這種情況下我們將達到「長壽的逃脫速度」。

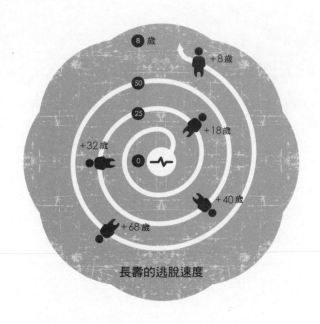

長壽的逃脫速度

註9　Longevity escape velocity。大意是指壽命隨著科學進步而不斷延長，最後身體的狀態能超過隨時間老化速度的限制。

「未來學」學者雷蒙德・庫茲韋爾[註10]和奧布里・德・格雷[註11]對此非常樂觀，他們認為在未來的幾十年內，人類即將達到長壽的逃脫速度；但另一些科學家就沒有這麼樂觀了，他們認為就算科技再發達，人類的壽命只會達到一個上限，就再也無法超越。

目前的生物學研究則發現，人類細胞的再造功能到120歲就是一個臨界點了。

積極的心態，年輕的身體

「*mens sana in corpore sano.*」[註12]是句充滿智慧的經典格言，它提醒我們心理的健康和身體的健康同樣重要，且兩者彼此關聯。大量的研究表明，在保持年輕的眾多因素中，擁有積極、靈活並堅持學習的心態是其中重要的一項。

擁有年輕的心態使人尋求健康的生活方式，並因此延緩衰老。正如同缺乏體能鍛煉會影響身體甚至情緒健康，缺乏腦力鍛煉同樣會對人造成負面影響：它會導致神經元與神經元失去

註10 Raymond Kurzweil, 1948-，美國作家、發明家和未來學家。
註11 Aubrey de Grey, 1963-，英國作家和生物醫學家。
註12 拉丁語，意為「一個健康的身體裡有一個健康的心靈」。

連接，降低人的反應力。

因此，大腦的操練也非常重要。推廣腦力鍛煉的先行者是神經學家什洛莫・布雷斯尼茨[註13]，他認為大腦需要許多刺激來保持其健康和功能：「對人們有益的事和人們真正想做的事，這兩者往往相互矛盾，因為人們——尤其是年紀大的人——通常喜歡按照慣常的方式行事。問題就在於，當大腦形成了一套程序，人們在做同一件事的時候，就不再需要思考了。一切都能夠快速、有效地自動完成，甚至以最佳的方式完成；人們會逐漸習慣於這套程序，而解決這個問題的唯一出路就是讓大腦接受新的資訊。」

布雷斯尼茨在接受愛德華・龐薩特[註14]節目的採訪中如是說道。

當人們接受新資訊時，大腦會創造新的連接，並且啟動；所以人們更應該勇於面對改變，雖然這也意味著人們會因為離開了舒適圈而更加焦慮。

鍛煉大腦的效果已經有科學驗證的支持。布雷斯尼茨認為，鍛煉大腦的好處會呈現在幾個不同的層面上：

註13　Sholmo Breznitz, 1936- ，以色列心理學家。
註14　Eduard Punset, 1936- ，西班牙法學家、作家、政治家和經濟學家。

「準備鍛煉大腦時，你需要選擇一件從未做過的事。剛開始你會覺得很困難，然而在這個過程中，你會學到新技能，大腦也因此得到了鍛煉。當你第二次做同一件事，會發現比上一次容易了一些，而不是更困難，這是因為你每次都會進步一點。而你的情緒變化在這個過程中更是令人驚歎：你會發現自身的轉變。這不僅有利於完成任務，也能改變你對自己的看法。」

布雷斯尼茨所謂的「大腦鍛煉」聽起來也許有些複雜，但它其實非常簡單，比方你可以和其他年長者做些交誼活動——像是玩遊戲——來對大腦產生新的刺激，藉此避免因孤獨可能導致的抑鬱。

大腦的神經元從我們20歲起，即開始老化，但老化的過程會因著腦力工作、求知欲和好學心而減緩。敢於面對新的狀況、每天學一些新事物、與其他人互動，是延緩心智衰老的重要因素。人們對這些方面的態度愈是積極，心智愈能夠從中獲益。

壓力：殺死長壽的嫌疑犯

許多人看上去比實際年齡要大。研究發現，未老先衰與壓

力的關係非常密切，因為人在面對危機時，身體的耗損會更大。美國職業壓力協會研究人類衰退過程後，得出「大部分的健康問題皆由壓力引起」這樣的結論。

根據這個發現，海德堡大學醫院進行了一項研究：他們設計讓一名年輕的醫生參加一場工作面試。面試已經夠讓人緊張了，而為了提高參與者的緊張感，面試者還在長達半個小時的過程中問了他一系列複雜的數學問題。

面試結束後，研究人員抽取他的血液並加以分析，發現抗體對壓力的反應，與它們面對病原體時是相同的，即啟動免疫反應的蛋白質。問題在於，這個過程儘管能中和有害物質，卻也會損害健康細胞，讓人未老先衰。

依據同樣的研究思路，美國加州大學在2004年做行了另一項調查；他們蒐集39名因子女患病而承受極大壓力的女性資料，與另一組狀況相似、但子女健康且壓力不大的女性相對照。研究資料顯示，壓力會改變細胞端粒，從而加劇細胞的老化。遇到壓力時，細胞端粒通常會更脆弱，影響它們參與細胞更新的重要工作。

同時研究也表明，壓力愈大，細胞的衰退就愈明顯。

壓力是如何運作的？

　　當今社會，許多人的生活節奏出奇得快，幾乎隨時保持在競爭狀態。而身體接收到含有潛在危險或困難訊息時，自然會產生的反應就是壓力。

　　首先，這種反應對身體有益，因為它能讓身體在惡劣的環境中得以生存。在進化的歷史中，人類就是靠著這種反應戰勝了困難、逃離天敵。

　　警報能夠讓神經元啟動腦下垂體、產生促腎上腺皮質激素，並經由交感神經系統傳播到全身；隨後，腎上腺啟動，釋放出腎上腺素和皮質醇。腎上腺激素使得呼吸和心跳頻率加快，並要肌肉準備好、做出反應，讓身體對可能的危險做出快速的應對。

　　此外，皮質醇能夠刺激、釋放血液中的葡萄糖和多巴胺，而多巴胺將為我們的身體「充電」，以面對挑戰。

　　適度的壓力對人類有益，因為它能幫助我們迎接日常的每一個挑戰；然而當今人類在生活中所遭受的壓力，顯然是有害的。

　　長期的壓力會損害身體機能，因為時刻保持警戒會影響與記憶有關的神經元，並抑制某些激素的分泌，進而導致抑鬱。

洞穴時代的人類	現代的人類
大多數時候處於放鬆狀態	大多數時候都在工作,並時刻警惕著任何危機
只在極少時候感到壓力	24 小時備戰,並等待著手機的資訊
威脅都是真實的:獵人可能在任何時候失去他的性命	大腦將手機震動、接收新郵件等同於獵人感到的威脅
在受到威脅時,體內大量的皮質醇和腎上腺激素能夠讓身體保持健康	身體中的皮質醇含量一直很低

另一方面,長期的壓力除了會提升血壓,也會造成易怒、失眠和焦慮等副作用。

所以儘管挑戰能讓人保持在積極的狀態之下,對身體和心智有益,但我們應該避開持續而且過度的壓力,免得身體未老先衰。

日本人減壓的方式

- 花更長的時間洗澡，一邊聽音樂一邊放鬆身體。使用浴鹽可以舒緩肌肉緊繃。
- 保持書桌、房間和周圍環境的整齊、乾淨。如果你覺得有壓力，首先應該要做的，就是讓你周圍的環境變得整潔有序。
- 鍛煉身體，做伸展運動和深呼吸。
- 保持平衡的飲食結構。
- 用手指施力，按摩頭部。
- 任何方式的冥想。我們推薦加入寺廟裡的冥想團體。因為比起獨自冥想，和一組人一起做更能使你長期地堅持下去。

有意識地減輕壓力

不管我們感受到的威脅是否真實，壓力都是非常容易辨別的症狀。壓力不僅會導致焦慮，對身體的影響也十分顯著，從消化系統到皮膚都會因壓力產生變化。

為了避免壓力帶來的危害，我們應該防止壓力出現。對此，許多專家建議做「正念練習（mindfulness）」。

根據正念練習的方法，我們最需要做的即是照看好自身：留心自身的反應——即使它們只是常規性的，也要意識到它們的存在。只有這樣，我們才能活在當下，並減少不受控制的想法。

　　「我們得學會關掉為我們導航的自動駕駛儀，因為它讓我們活在持續的迴圈中。我們都見過一邊吃點心、一邊瀏覽手機或查看文件的人，如果你問他：他剛才吃的馬鈴薯餅裡有沒有洋蔥，他也不知道。」羅伯托·阿爾西瓦爾[註15]在一次採訪中這樣說道。他因為一場疾病而被壓力擊倒，之後他放棄了快節奏的日常生活，成為一名正念導師。要達到這一境界，方式之一是冥想。冥想可以幫助我們過濾進入身體的外界資訊。同樣的，正念也可以透過呼吸練習、瑜伽和對身體的探索來實現。

　　《走自己的路，享受沒有壓力的生活》（*Con rumbo propio, disfruta de la vida sin estrés*）的作者安德列斯·馬丁（Andrés Martín）在接受採訪時鼓勵人們在以下情況使用正念練習法：

- 從睡醒到起床的時段。
- 準備出門前。

註15　Roberto Alcíbar，西班牙正念練習導師。

- 從一個地點轉移到另一個地點時。不管是走路還是乘坐交通工具。
- 等待的時候。
- 在做兩件不同事情之間。
- 停下來加餐或進食的時候。
- 體能鍛煉時。
- 做日常家務的時候。
- 休息或就寢之際。

這是循序漸進的練習過程，但隨著練習，你的正念意識將會啟動，進而減少壓力，並延長壽命。

少許的壓力，對健康有益

持續且過度的壓力公認是長壽與健康——身體和心智兩者的健康——的大敵，而同時，少許的壓力也已證實對人體有益。

加州大學的霍華德‧弗里德曼[註16]教授以研究證明，控制

註16　Haward Friedman，美國心理學教授。

下的壓力對人有利的一面。

在花了20多年觀察他研究對象身上的變化後，他發現那些承受輕度壓力並勇於面對挑戰、為了成功而努力拚搏的人，比那些生活平靜、提前退休的人活得更長。

弗里德曼由此得出輕量的壓力對人有益的結論。他在完成這項研究時提到，「那些承受輕度壓力的人，通常會保持更健康的生活習慣，更少吸菸和飲酒」。

這麼看來，我們即將在後文介紹到的許多超級人瑞，之所以能夠保持高強度的生活，並直到非常年長都堅持工作不輟，也就不足為奇了。

生活中久坐的習慣，是年輕的敵人

當今社會，尤其是在西方世界，生活方式中愈來愈常見的久坐導致許多疾病發生，例如高血壓和肥胖症，使得個體的壽命縮減。

久坐幾乎與身體鍛煉無關，無論是在體能運動，還是日常活動上。

人們花過多的時間保持坐姿——無論工作還是在家裡——不僅會降低肌肉彈性、減弱呼吸能力，還會導致食欲下降，打

消人們更積極活動的念頭。

久坐還會導致高血壓、飲食不正常、心血管疾病、骨質疏鬆症,甚至某些癌症的可能。

為了進一步證明這點,最新的研究指出,久坐與免疫細胞的端粒漸進畸形之間有著某種關聯:免疫細胞的端粒漸進畸形會造成大規模的細胞衰老,身體自然也跟著遭殃。

這個問題不僅出現在成年人身上,也發生在各個年齡層中。久坐不動的兒童肥胖機率很高,而肥胖還會帶來一連串問題與危害。保持積極和健康的生活方式十分重要,甚至從小就要開始養成習慣;要想改變久坐的生活方式也不困難,只需要改變一些日常習慣、增強一點意志力就能搞定。當你擁有更積極的生活方式,會從內而外地感覺良好。

從日常生活中的小事開始,我們每個人都能做到:

- 走路上班,或每天至少步行20分鐘,並以此為樂。
- 使用雙腳,而不用電梯或自動電扶梯,進而改善身體姿勢、肌肉和呼吸系統等。
- 參與休閒或社交活動,避免過長地待在電視機前面。
- 將零食換成水果,滿足想要吃點兒什麼的欲望,又能為身體提供有益的營養。

- 維持剛好足夠和必要的睡眠時間。每天合理的睡眠時間為 7 至 9 小時。超過 9 小時會導致嗜睡。
- 與小孩或寵物玩耍，或參與不僅鍛煉身體、更能活躍思維且提升自尊的體能活動。
- 留心日常生活，發現並改正不良習慣。

在生活中做出這些小改變，將有助於身體和心智恢復活力，延長我們的壽命。

衰老體現在皮膚上

儘管人的衰老同時發生在體內和體外、身體和心智上，但皮膚是反映身體年齡的主要指標之一。皮膚覆蓋整個身體，它的伸曲能產生面部表情，並根據身體機能而改變顏色與質感。

衰老是身體固有的自然過程，無法避免，但我們能夠緩減衰老的症狀，甚至推遲衰老，恢復青春。

想要改變我們身體的衰老過程，首先就需要瞭解衰老是如何及因何發生的。專門研究抗衰老藥物的多瑪賽提（Tomassetty）診所向我們解釋了皮膚的衰老方式。

皮膚透過不斷由年輕的細胞替代衰老的細胞而得以更新。

25歲以後，更新過程開始趨緩，並更容易受到環境因素所影響。在人體成熟後，衰老的跡象即體現在皮膚上，人們會發現皮膚上的紋路更加明顯，並且開始出現斑點。

然而，每個人衰老的速度並不相同，與遺傳和後天環境因素都有關係。

以白為美

日本有句古老的諺語，直譯是「一白遮七醜」，可以翻譯為「即使是醜女人，也可以靠白皙的皮膚遮蓋所有瑕疵」。

幾個世紀以來，日本人──尤其是日本女性──始終認為皮膚愈白愈美麗。

被日本人認為美之典範的藝伎，就是將臉部塗成一片純白，西方人第一次看見藝伎的臉會以為自己見到了鬼。

日本所有的化妝品牌都有一個美白系列產品，叫作 *bihaku*（即「美白」。*bi* 是「美」，*haku* 意指「白」）。這個系列的化妝品不僅在日本大受歡迎，同時也正普及到其他地區，如：韓國、中國上海和臺灣等地。

在日本，夏天常常能見到打著陽傘的人，甚至還有人會戴手套，避免陽光直射肌膚。日本的女性非常留心避開紫外線的照射，以免皮膚衰老。或許正因為如此，世界癌症研究基金會（World Cancer Research Fund）指出，日本是世界上皮膚癌發生率較低的國家之一。

事實上，許多彩妝產品都具有隔離紫外線的功效。

「陽光照射是導致未老先衰的主要原因」，陽光不僅會造成皮膚乾裂、紋路明顯、產生皺紋，更會加快黑色素細胞——產生黑色素的細胞——製造黑色素的速度。此外，紫外線還可能破壞細胞，導致皮膚癌。

以下是一些延長肌膚青春的建議：

1. 在夏季或在陽光下，直曬1小時以上，就需使用防曬霜。
2. 每天喝2公升的水，為肌膚補充足夠的水分。
3. 避免吃過鹹或過辣的食物，因為鹹、辣的食物會導致皮膚乾燥。
4. 不要常常皺眉頭或皺鼻子。經常生氣的人會提前老化，而且會表現在外表上。
5. 用純淨的水清洗皮膚，尤其是在睡前。
6. 保證充足的睡眠時間。

模特兒最珍貴的祕密

大多數專業模特兒都會確保在上臺表演之前，有9到10個小時的睡眠時間。充足的睡眠能夠使皮膚看起來光滑緊致，讓整個人散發出健康的光澤。

醫學證明，良好的睡眠是防止衰老的決定性因素。睡眠之

所以如此重要，原因之一是睡眠時身體會產生褪黑素——人體內自然存在的一種激素。受晝夜週期影響的松果體，會透過血清素產生褪黑素，並調節清醒與睡眠的週期。

　　這種激素因具有高度的抗氧化性而能延長人們的壽命，除此之外，它還有以下這些優點：

- 改善免疫系統。
- 有益於預防癌症。
- 促進胰島素的自然產生。
- 推遲老年癡呆症的發病。
- 預防骨質疏鬆。
- 防治心血管疾病。

　　基於以上原因，褪黑素是保持青春的偉大盟友。

　　然而，需要注意的是，從30歲起，褪黑素的產生會開始下降，因此我們應採取諸如下列這些補救措施：

- 飲食均衡，增加鈣的攝取量。
- 每天適量地暴露在陽光下。
- 確保足夠的睡眠。

- 避免壓力，儘量遠離酒精、香菸和咖啡因，因為它們會影響睡眠品質，減少必要的血清素。

專家正在研究，透過外界因素刺激褪黑素產生，是否也能夠延緩衰老。這項研究的結果將告訴人們，長壽的祕訣是否就存在於我們的身體之中。

日本神經健康協會關於提高睡眠品質的建議

- 不要在睡前從事會打擾你睡眠的活動。不要在睡前3小時內看電視、使用電腦或觀看任何形式的螢幕。
- 不要在睡前10小時攝取咖啡因。
- 至少在睡前3小時吃晚餐，並不要在晚餐後與睡覺前這段時間進食。
- 創造一個能讓你自然入睡的方式。例如在睡前洗個熱水澡、然後直接上床睡覺。洗熱水澡（ *ofuro*；お風呂）是日本自古就有的傳統之一，並一直保留到現代；*ofuro* 的水溫通常在40-44度之間，許多日本人還會使用浴鹽。
- 在結束 *ofuro* 後，花幾分鐘時間做些伸展運動。
- 在睡前幾小時，調暗你所處房間的照明亮度。
- 在睡前對剛剛過完的一天表達感恩之意。
- 如果你仍感到入睡困難，那麼請深呼吸，為每一次吸氣和呼氣計數，一直數到100。

延緩衰老的個人態度

心理對身體及身體老化的速度有著決定性的影響，不僅因為絕大多數的醫生都認為，身體青春永駐的祕訣在於保持積極健康的心態，日本的百歲老人也證明了這一點。我們需要以敢於挑戰的態度來迎接人生旅途中的種種困難。

葉史瓦大學[17]的一項研究發現，長壽者都擁有兩種決定性的人生態度：實證主義[18]和高情商[19]，所以那些能夠以良好心態迎接挑戰，同時管理好自己情緒的人，在長壽的路上擁有很大的優勢。

堅韌的態度——在困難面前保持鎮靜——能夠減少焦慮和壓力程度，並且穩定情緒，從而也有利於延長青春。在生活有序且從容的社會中，長壽者比例往往更高，正是證實了這一點。

能夠延緩老化的另一個顯著態度是遠離享樂主義，阻止心血來潮的欲望。如果被誘惑——特別是食物——征服，將會造成身體的營養不良。

長壽者的另一共同特徵是擁有健康且克制的飲食習慣，並

註17　Yeshiva University，位於美國紐約市的私立猶太教大學。
註18　一種以「實際驗證」為中心的哲學思想。
註19　情商，又稱情緒商數，是一種自我情緒控制能力的指數。

且避免對身體有害的食物。我們將在後文重返沖繩時加以詳述。

在成熟期保持身體和心智積極的人們，通常會擁有更平和、愉快的晚年，他們的身體也更能應對各種可能的疾病。

因此，當我們談論百歲老人或超級人瑞──那些超過110歲的老人──時，常常會發現他們的共同點：生活飽滿充實，在許多情況下都堅持並設法以積極堅韌的態度面對困難。

以111歲高齡成為世上最長壽男性的亞歷山大‧伊米奇[註20]，除了歸功於他良好的基因，還有其他重要因素。他在2014年被納入金氏世界紀錄後，在接受採訪時表示：「一個人的生活方式，是決定長壽的重要因素。」

一首關於長壽的詩

羅伯托‧阿巴迪‧索里亞諾[註21]教授畢生奉獻給兒童教育，並草擬了烏拉圭的官方讀物；92歲高齡的他住在蒙特維多的伊姆帕莎療養院，並寫下一首總結長壽祕訣的詩。

隨後不久，索里亞諾教授在療養院的主治醫師豪爾赫‧

註20　Alexander Imich，在2014年4月24日至同年6月8日間為世界最長壽的在世男性。

註21　Roberto Abadie Soriano, 1895 - 1992，烏拉圭教育家。

德·寶拉（Jorge de Paula）公開了它：

生活健康且有序
飲食，有度
切勿濫用藥物
尋求一切方法
勿因外物而煩躁
鍛煉與樂趣
永無焦慮
少自閉，多交流
並繼續工作

如果熟記這首詩，並將它應用到我們的生活方式中，那麼我們也將成為那些享受長壽且生活充實的人們之一。

Chapter. III

長壽大師

—— 東西方長壽者的現身說法

在我們開始著手這本書的研究時，除了調查影響長壽且幸福生活的因素外，也對長壽這門藝術領域的大師們非常感興趣。

在沖繩與當地居民的訪談無疑需要獨立出來為一章，但在這個前瞻的章節裡，我們要探討長壽冠軍，即這些「超級人瑞」（supercentenarios）的人生哲學。

他們並不是超級英雄，但考慮到他們比世界平均壽命多活許多年，稱他們為超級英雄也毫不為過。

「超級人瑞」是指那些年紀達到或超過110歲的老人。

「超級人瑞」一詞是《金氏世界紀錄大全》的編輯諾里斯‧麥克沃特[22]在上個世紀七〇年代所創造的；九〇年代，這個詞出現在尼爾‧豪[23]和威廉‧施特勞斯[24]合著的《世代》（*Generations*）一書中，從此變成標準說法。

目前，全球超級人瑞的數目大概在300至450人之間，但只有約75人的年紀得到確認，因為在許多情況下，人們並沒有官方的出生或年齡證明，或是遺失了相關記錄。

由於世界平均壽命日益延長，因此超級人瑞的總數也可能有所增加。健康且有意義的生活，能讓你我都成為長壽的超級

註22　Norris McWhirter, 1925-2004，英國作家、政治活動家和電視主持人。
註23　Neil Howe, 1951-，美國歷史學家、經濟學家和人口學家。
註24　William Strauss, 1947-2007，美國作家、歷史學家、劇作家、戲劇導演。

英雄。

現在讓我們來看看其中一些人的生活和觀點吧。

大川美佐緒[註25]（117歲）：
「吃吃睡睡，就能活很久。要學會放鬆」

　　根據老年醫學研究小組的一項排名，到2015年5月為止，世界上最長壽的在世者是大川美佐緒。她在大阪一家養老院去世，終年117歲又27天。

　　她是紡織商的女兒，出生於1898年，那時候西班牙失去了古巴和菲律賓2個殖民地，而美國則吞併了夏威夷，並推出百事可樂。

　　這個活過110歲的女人，經歷過3個不同的世紀，是人生的大贏家。

　　當專家詢問她的生活習慣時，她只回答說：「吃壽司和睡覺。」這或可解釋為她對生命的如飢似渴；當被問到長壽的祕訣時，她的答案非常幽默：「我也想問自己這個問題呢。」

　　研究顯示，日本依然是生產人瑞的工廠。在2015年7

註25　Misao Okawa, 1898-2015，日本超級人瑞。

月，世界最長壽的男性百井盛去世，享年112歲又150天，在世界長壽者中排名第58——而前57名都是女性。

瑪麗亞‧卡波維拉[註26]（116歲）：
「我唯一做的即是一輩子都沒吃過肉」

瑪麗亞於1889年出生在厄瓜多，在2008年取得最長壽者的金氏世界紀錄。她因肺炎去世，享年116歲又347天，身後留下3個子女、12個孫子、20個曾孫和2個曾曾孫。

她在107歲高齡接受了人生最後幾次採訪，其中一次講述了自己的回憶和想法：

「我感到很幸福，並感謝上帝依然眷顧我。我從沒想過自己會活這麼多年，以為自己早就會死了。我的丈夫安東尼奧‧卡波維亞生前是護衛艦隊長，他在84歲時過世。我們有3個女兒和1個兒子，還有很多孫子及曾孫。

「過去的日子比現在要好得多，那時候的生活習慣也更好。在過去，我們適度地跳舞。我很喜歡路易斯‧阿拉爾孔（Luis Alarcón）的《瑪麗亞》，至今還記得大部分的歌詞。我

註26　María Capovila, 1889-2006，厄瓜多超級人瑞。

也還記得許多禱告詞，並且每天都禱告。

「我喜歡華爾滋，到現在依然跳舞。我還喜歡做手工，讀書時做的手工我到現在還保存著。」在追憶了過去的日子後，她開心地跳起舞來。

跳舞是她畢生的熱愛之一，精力充沛舞蹈著的她，看起來彷彿年輕了幾十歲。

當被問及長壽的祕訣時，她簡單地回答道：「我也不知道能活這麼久的祕密是什麼。我唯一做的即是一輩子都沒吃過肉。這就是我的祕訣吧。」

雅娜・卡爾芒[註27]（122歲）：
「一切都很好」

1875年2月出生於法國阿爾勒（Arlés），1997年8月4日去世，是史上可確認年齡的最長壽者。她曾開玩笑地說自己「將和瑪土撒拉[註28]競爭」。可以確定的是，她高齡的一生打破

註27　Jeanne Calment, 1875-1997，法國人，她活了122歲又164天，是近代史上已知的最長壽人瑞。

註28　Matusalén，在《希伯來聖經》的記載中，亞當第7代的子孫，是最長壽的人，據說他在世上活了969年。

了許多項紀錄，不僅活得富足快樂，最後自然地死去。

直到100歲高齡，她依然騎自行車。她在家裡生活到110歲，因為公寓一場意外的小火災才同意搬去養老院；120歲時，她戒了菸，因為白內障讓她無法將香菸送到嘴邊。

也許她長壽的祕訣在於擁有好心態。她在120歲生日時說道：「我眼睛不太好，耳朵也不太靈，我什麼都感覺不到，但一切都很好。」

沃爾特‧布魯寧[註29]（114歲）：
「如果你的心智和身體能保持忙碌，那麼就還能再活許多年」

沃爾特‧布魯寧，1896年出生於美國明尼蘇達州，一生中也見證了3個不同的世紀，2011年在蒙大拿州自然死亡。他有過兩任妻子，長達50年的時間在為鐵路公司工作；83歲時退休後，住在蒙大拿的一所養老中心直到去世。

布魯寧在2009年被確認為世界上最長壽的男性，去世後則是美國第三長壽的男性。

他在晚年接受過許多採訪，相信自己長壽的最主要原因是

註29　Walter Breuning, 1896-2011，美國超級人瑞，曾是在世最年長的男性。

每日兩餐和常年保持工作的習慣。他在自己100歲的生日時說道：「如果你的心智和身體能保持忙碌，那麼就還能再活許多年。」直到100歲高齡，他依然保持每天運動的習慣。

布魯寧長壽的另一個祕訣，是他的樂於助人，以及不恐懼死亡：「我們都會死去。有些人害怕死亡。永遠不要懼怕死亡，因為我們每一個人的出生都是為了死亡。」他在2010年接受《美聯社》（*Associated Press*）的採訪時如是說道。

據說，在他於2011年去世前，曾對身邊的牧師說自己和上帝達成了一個協定：如果他的情況無法改善，那麼就是他離開的時候了。

亞歷山大・伊米奇[註30]（111歲）：
「我只是還沒有去世罷了」

亞歷山大・伊米奇，1903年出生於波蘭，後來在美國定居，是一名化學家和超心理學家；2014年，世界上最長壽的在世者去世後，他成為了該紀錄的保持者。不久後，伊米奇於同年6月去世，為後人留下他經歷豐富的一生。

註30　Alexander Imich, 1903-2014，美國化學家、超心理學家和超級人瑞。

為了紀念他創造的紀錄，《每日郵報》（*Dailymail*）刊登了伊米奇一生經歷過的歷史事件年表：

- 1903年：第1隻泰迪熊在美國上市；萊特兄弟在北卡羅來納州完成第1次公開飛行。
- 1905年：愛因斯坦推導出方程式 $E = mc^2$。
- 1908年：第1輛福特 T 型汽車於底特律的工廠誕生。
- 1912年：鐵達尼號沉沒。
- 1914年：第1次世界大戰爆發。
- 1923年：聲音的傳播首次越過了大西洋。
- 1928年：亞歷山大・弗萊明（Alexander Fleming）發明了青黴素。
- 1939年：第2次世界大戰爆發。
- 1955年：加州迪士尼樂園開幕。
- 1963年：甘迺迪總統遇刺。
- 1969年：網際網路誕生；人類首次登上月球。
- 1977年：電影《星際大戰》首映。
- 1986年：「挑戰者號」太空梭爆炸。
- 1989年：柏林圍牆倒塌。
- 1997年：威爾斯王妃戴安娜去世。
- 2001年：維基百科出現在網際網路上。

- 2005 年：YouTube 上線。
- 2009 年：歐巴馬成為美國歷史上第 1 位有色人種總統。

　　談到自己長壽的原因，他特別提到了自己從不攝取酒精飲料。在他成為最長壽的在世者時，他說道：「這和獲得諾貝爾獎不一樣。我從未想過自己能活這麼久。」當被問及長壽的祕密，他的回答是：「我也不知道。我只是還沒去世罷了。」

ikigai 的藝術家

　　並非只有超級人瑞才擁有長壽的祕訣。許多未能進入金氏紀錄的老人也能給我們靈感，讓我們的生活充滿活力，並且更加有意義。

　　譬如說，那些選擇不退休而是繼續讓其「ikigai」火苗燃燒的藝術家。無論以怎樣的形式展現，藝術都能帶給我們的生活幸福與意義。享受或創造美並不需要金錢，它是所有人類共同擁有的財富。

　　日本浮世繪畫師葛飾北齋生活在 19 世紀，享壽 88。他在《富岳百景》第一版的後記中寫道：「70 歲以前的創作都不值一提。直到 73 歲時，不知何故，我突然開始明白大自然、動

物和藥草、樹木和鳥類、魚兒和昆蟲的結構。因此，80歲的我理應有進一步發展；90歲時我應當能夠深諳世事，100歲時將達到爐火純青的地步。而到了110歲，無論我做什麼，都應該是出自生活的本能。」

在這裡，我們搜集了一些《紐約時報》記者卡蜜兒‧史薇尼（Camille Sweeney）的藝術家前輩採訪精華。這些人都是還未退休的藝術家，仍充滿對藝術的熱情，也可以說他們堅持工作到人生的最後一口氣。這些藝術家的事蹟向我們證明，當一個人擁有明確的目的時，沒有什麼可以阻止他們。

演員克里斯多夫‧普拉瑪[註31]在86歲高齡依然活躍於演藝圈。他透露了那些真正熱愛演藝事業的演員，共有的一個不為人知的願望：「我們都想要死在舞臺上。那將是一種非常戲劇化的離開方式。」

日本漫畫之父手塚治虫[註32]也說過類似的話。1989年，在他去世前不久，手塚治虫仍在東京創作他的最後一幅漫畫。他在去世前說道：「我請求你們、求求你們讓我工作吧！」

註31　Christopher Plummer, 1929- ，加拿大演員，奧斯卡金像獎及東尼獎、艾美獎得主。

註32　手塚治（1928-1989），筆名手塚治虫，日本漫畫家、動畫製作人與醫學博士。

86歲的導演佛雷德里克・懷斯曼[註33]在巴黎散步時說,他很喜歡工作,因此他工作非常賣力。他說:「全世界都在抱怨痛苦和疾病,然而我的朋友不是已經去世,就是還在繼續工作。」

　　高齡100歲的畫家卡門・海萊娜[註34]售出她的第一幅作品時,已經89歲了。如今她的作品已成為現代藝術博物館和泰德美術館的永久收藏。當記者詢問99歲的她如何看待自己的未來時,她說:「我的目標是完成下一個作品。我一天一天地活。」

學習,一直學習

「你也許會老去且顫抖,也許會徹夜難眠聆聽自己紊亂的脈搏;你也許會思念唯一的愛人,也許會發現周圍的世界被邪惡的瘋子毀壞,抑或你的榮譽被小人踐踏。那麼只剩下一件事可以做 —— 學習。學習世界為什麼轉動,以及什麼使它轉動。學習是唯一一件永遠不會讓頭腦筋疲力盡,也不會讓它疏遠或受折磨、不會害怕或質疑,也不會讓夢想後悔的事。」

—— T. H. 懷特《永恆之王》[註35]

註33　Frederick Wiseman, 1930- ,美國紀錄片導演和戲劇導演。
註34　Carmen Herrera, 1915- ,古巴畫家,定居在美國。

86歲的博物學家和作家愛德華·威爾森[註36]說：「我覺得自己擁有足夠的經驗，能夠加入那些問大問題人物的行列。大約10年前，我開始更頻繁地閱讀與思考關於『我們是誰、從哪裡來、往哪裡去』這樣的問題；我對於我們如此不愛發問感到驚訝。」

享年92歲的藝術家艾爾斯沃茲·凱利[註37]曾指出，從某方面說，能力會隨著年齡增長而減退是個傳說，因為彌補它的是更強的清醒度和洞察力。他說：「當你變老，你會看到愈來愈多事物……我每天都會看見新的東西。正因如此，我仍在畫畫。」

86歲的建築師法蘭克·蓋瑞[註38]說道，大型的建築「從你被雇用到施工完成，通常需要7年的時間」，因此需要耐心對待時間的流逝。然而，這位古根漢的設計者深知「生活在每時每刻」的道理：「我們屬於這個時刻，往回看毫無意義。如果你認同自己所在的時代，保持耳清目明，閱讀報紙、關注發生的事、對一切懷抱有好奇心，那麼你將不費力氣地活在你的時代。」

註35　Terence Hanbury White, 1906-1964，英國作家和詩人，著有《永恆之王》（*The once and forever king*）。

註36　Edward O. Wilson, 1929- ，美國博物學家和生物學家。

註37　Ellsworth Kelly, 1923-2015，美國畫家、雕塑家。

註38　Frank Gehry, 1929- ，建築師，生於加拿大，後來移民至美國。

日本人的長壽

由於美國普遍實施的民事登記，於是有許多得到認證的長壽者。然而，在其他國家的許多偏遠村莊中，也擁有大量的百歲老人。愛好沉思與鄉村生活，似乎是世界上百歲老人的共同點之一。

毫無疑問，日本是在長壽方面的明星國家，那裡擁有世界上最長的人均預期壽命。

除了飲食結構 —— 我們將在後文詳述 —— 和綜合的醫療系統（人們經常去看醫生、做完整的檢查，以盡早預防疾病的發生），日本人的長壽還與當地文化有非常緊密的關係。我們將在之後的章節加以討論。

日本人對社區的歸屬感，以及終生都努力保持忙碌的事實，對他們的長壽有很大的影響。

為了保持積極忙碌的狀態 —— 即使是在沒有工作必要的情況下 —— 你也需要擁有一個 *ikigai*，一個引導你整個人生的目的，促使你為社區和自己創造美、創造用途。

在進入以前述概念為基礎的日本哲學之前，我們將先探索分別來自中歐與日本的一個心理潮流與一種療法，而它們關注的都是生命的目的。

Chapter. IV

從意義治療到 *ikigai*

為了活得更美好久長，
就必須找到生命的意義

| 第四章 |

什麼是意義療法？

當法蘭克的同事請他用一句話定義他的學校，法蘭克回答：「好吧，在意義療法（logotherapy）中，患者呈坐姿，要坐直，然後需要聆聽一些東西——有時候聽到的東西會讓人很不舒服。」而他的這位同事是這樣向他定義精神分析的：「在精神分析中，患者躺在沙發上，向你述說，有時候說的東西會讓人很不舒服。」

法蘭克解釋道，他通常詢問患者的第一個問題是：「你為什麼不自殺？」在通常的情況下，患者會試圖尋找不自殺的理由，從而繼續生活。

那麼，意義療法到底是什麼？答案非常明確：尋找存在的理由。

意義療法鼓勵患者自覺地探索其生命之意義，以對抗自己的精神官能症。這讓人們會為了實現目標而奮鬥、得到繼續生活的動力，克服過去的精神枷鎖，跨過道路上的重重阻礙。

生活的目的

法蘭克在他位於維也納的診所進行的一項研究表明，無論是在患者中，還是在診所的工作人員中，大約有80％的人認為自己需要一個生活的目的，而大約有60％的人表示，自己願意為生命中的某人或某事獻出生命。

尋找意義

法蘭克認為，人類能夠為其原則和理想，選擇活下去或死亡，因此尋找生活的意義就成了一種原初且個人的力量，讓人們去實現自己的目標。

我們可以將意義療法概括為以下5個步驟：

1. 患者感到空虛、沮喪或焦慮。
2. 治療師讓患者感到尋找生活意義的欲望。
3. 患者發現其存在的意義（在生活的當下）。
4. 藉由意志，患者選擇接受或拒絕該目的。
5. 這個嶄新的生活推動力，將幫助患者克服障礙和悲傷。

在奧斯威辛集中營為囚的經驗讓法蘭克領悟到,「一個人可以被剝奪一切,除了一件:人類最終的自由,即如何面對遭遇、選擇自己的道路。」那是他不得不獨自經歷的一個過程,然而那段經歷卻使他的餘生獲益匪淺。

為了自己奮鬥

如果無法找到生命的意義,或者生命的意義被扭曲,人們就會對存在感到挫折。在法蘭克看來,這種挫折感不一定是異常的,也不一定是某種精神官能的症狀;相反地,他認為在一定程度上,這種挫折感可能很正面、積極,是一個人改變自身生活的催化劑。

與其他療法不同,意義療法並不認為這種挫折是某種心理疾病,而是將它視作精神上的痛苦。

對法蘭克而言,精神衝突是對人體有益的自然現象,它會促使人們尋求解決方案——無論是外界的幫助,還是自我的救贖——進而對生活更加滿意。也就是說,它有助於人們改變自我的命運。

當人們需要外界說明時,意義療法將幫助患者發掘生活的意義;接著,這個療法將帶領患者解決自身的衝突、向前邁

精神分析和意義療法的 10 大區別

精神分析	意義療法
患者就像一般的患者那樣躺在沙發上	患者坐在治療師對面，治療師引導患者但並不做出判斷
是回顧性的，看向過去	看向將來
是自省的，對官能症加以分析	並不研究患者的官能症
求樂意志（will to pleasure）	意義意志（will to meaning）
著重於心理維度	深入到精神維度
適用於精神性精神官能症（衝動—本能）	也適用於心理性精神官能症（原則—原則）
分析衝突的無意識起源（本能維度）	從衝突出現的地點和時間著手解決（精神維度）
局限於本能事實	同時也涵蓋精神現實
在本質上與信念不相容	與人類本質的信仰，以及基督教原則融會貫通
旨在調和衝突，取悅衝動和本能	為人們的生活賦予意義、滿足其道德原則

為了活得更美好久長，就必須找到生命的意義

進，實現自己的目標。法蘭克引用過尼采的一句名言：「一個人如果知道自己為什麼而活，就可以忍受任何一種生活。」

根據親身經驗，法蘭克認為人們在分析已實現與待完成的目標時，產生的緊張感是對人體健康非常有必要的。人類需要的並不是一種平靜的人生，而是充滿挑戰，能夠激發才能、為之奮鬥的人生。

另一方面，空虛感則是現代社會的典型產物。在現代社會中，人們並非在從事自己想做的事，而是做著其他人也在做，或是受其他人指使而做的事。很多時候，人們試圖用金錢、身體上的愉悅感或精神上的麻木，來填補這種空虛。

譬如在中斷一個星期的日常事務和快節奏後，突然感到一陣空虛，這就是所謂的「星期天精神官能症」。我們必須解決這個問題。歸根究柢，人們需要的是一個目的，一個每天促使自己起床的動力。

正如意義療法所提倡的，尋找生活的意義能填補人們的這種空虛。法蘭克認為，那些能夠面對自身問題並為目標展開行動的人，在年老時能夠擁有內心的平靜；他們不會羨慕年輕人，因為豐富的生活經歷，證明他們已經為某個目標、某種意義而活過了。

法蘭克的研究小組在維也納綜合醫院所做的一項研究發現，55％的受訪患者存在一定程度的空虛感。

意義療法中改善生活的幾個要點

- 人類並非如沙特[註39]所說的那樣，發明了存在的意義，而是發現了存在的意義。
- 每個人都擁有各自生活的意義，而那在人的一生中可被重建或改變許多次。
- 恐懼使得所擔心之事發生；同樣地，過度關注會讓你得不到想要之物。
- 幽默可以幫助人們疏通惡性循環、釋放焦慮。
- 人類既可以高貴行事，也可以選擇卑劣。這取決於個人的決定，而非所處的境況。

註39　Jean-Paul Sartre, 1905-1980，法國哲學家、作家。

接下來，我們將由維克多‧法蘭克診所的4個案例，來瞭解其尋找意義的治療方式。

案例：法蘭克自己

無論是在德國的集中營，還是後來在日本和韓國，精神病學家發現被驅逐的人們中最有機會生存下來的，是那些有某個目標未完成、想要活著走出集中營，並去完成它的人。法蘭克就是其中之一。他在被釋放後成功設立了意義療法學校，並發現自己就是這種療法的患者。

在集中營裡，法蘭克有個未完成的目標，讓他堅持活下來。

最初，他被關押在奧斯威辛集中營，一份即將出版的理論和研究手稿也被沒收。他對重寫一份報告的信念，給了他在持續的恐怖和不確定性中活下去的動力與意義。在那些年，特別是在他得了斑疹傷寒時，他將丟失的手稿片段和關鍵字記錄在手邊能找到的碎紙片上。

以下是法蘭克診所幾個最有名的案例，從中我們可以瞭解意義療法的操作方式。

案例：美國外交官

這位美國高級外交官最早是在美國接受治療，5年後他來到法蘭克的診所繼續接受治療。當法蘭克問他為什麼開始做治療，外交官說自己對工作及美國的外交政策不滿意，但同時自己又必須完成工作、遵守政策。

美國的精神分析學家為他進行了幾年治療，並堅持他必須與自己的父親和解，那象徵父親形象的政府和工作才不會讓他感到厭惡。然而，在幾次治療之後，法蘭克就讓這名外交官意識到，他的沮喪是因為自己想要從事另一種完全不同的職業。外交官在結束治療時，將這一點牢記在心。

5年後，法蘭克得知這名前外交官在過去5年間，開始發展另一種不同的職業，並感到滿足。

在法蘭克眼裡，這名前外交官不僅不需要5年的精神治療，甚至根本算不上一名需要治療的「患者」；他只不過是在尋找人生的新目標罷了。在他找到目標的那一刻，他的人生即被賦予了更深的含義。

案例：自殺的母親

　　這名母親因她11歲的兒子去世而企圖自殺，之後與她的另一位兒子一起被送到法蘭克的診所接受治療。她的另一位兒子自小癱瘓，也正是他阻止了母親的自殺。與母親不同，他擁有活下去的目的，如果母親把他們倆都殺死了，他將無法完成自己的使命。

　　在小組治療中，這位母親講述了她的故事。為了幫助她，法蘭克讓另一個女人想像一個假設的情形：臨終的她躺在床上，衰老而富有，但沒有子女。那個女人說，如果是這樣，她會覺得自己的人生很失敗。

　　接著，法蘭克讓那位自殺未遂的母親做同樣的練習，想像臨終時的自己躺在床上。她回望自己的一生，意識到自己為兒子——2個兒子——做了所有力所能及的事情。她為癱瘓的兒子提供了很好的生活，讓他成為一個優秀且幸福的人。

　　她哭著說道：「對我來說，我可以平靜地回首我的人生，可以說自己的人生充滿了意義，並努力實現這些目標。我盡力做到最好；我盡我所能地為我的兒子提供他所需要的一切。我的人生一點兒也不失敗！」

　　這位曾企圖自殺的母親透過想像自己在臨終時回望這一

生，找到了一直所懷有——卻未曾意識到的——生命的意義。

案例：悲傷的醫生

曾有位年長的醫生來到法蘭克的診所，他在兩年前由於無法從妻子的離世中走出來，而陷入了重度憂鬱。

法蘭克並沒有給他建議，或分析他的病情，而是詢問他如果這一切發生在他妻子身上——也就是說，如果先去世的人是他——情況會是如何。醫生聽完後駭然地回答道，這對他妻子來說將是非常可怕的事情，他可憐的妻子將會感到極度痛苦。

對於他的回答，法蘭克說：「醫生，您看出來了吧？您為您的妻子免去了這麼大的痛苦；但這一切的代價，即是現在您需要繼續活下去，哀悼她的死亡。」

醫生什麼也沒多說，只是和法蘭克握了握手，安靜地離開了診所。

替代心愛的妻子承受痛苦，賦予了醫生活下去的意義。

森田療法

在意義療法誕生的同一年代——確切地說，是在意義療法誕生的前幾年，日本人森田正馬創立了基於人生目標的療法。他的療法能有效治療神經衰弱、強迫症和創傷後壓力症候群。

森田正馬不僅是心理醫生，他也修練佛教禪宗，其療法曾在日本產生巨大的精神影響。

在西方，許多療法專注於控制或改變患者的情緒和感受。我們通常讓思想去影響感受，進而影響我們的行動。然而，森田療法則側重於教導患者接受自己的感受，不要試圖去控制它們，因為感受將在行動中獲得改變。

森田療法和禪宗的基礎是「行動是變化的原因，因此，我們不應該試圖控制思想和感受」——這與西方的觀點背道而馳。在西方，為了改變行為，我們常常想控制和改變不好的念頭。

除了接受情感，森田療法也宣導根據行動、「創造」新的情感，「人們藉由經驗和重複而學得這些情感」。

森田療法並不試圖直接消除症狀，而是教我們自然接受自己的欲望、焦慮、恐懼和擔憂。這位革命性的治療師說：「在

情感方面，最好是富有且慷慨。」他指的是要學會接受情緒，並對情緒放手。

關於對負面情緒「放手」的問題，森田用了一個寓言故事來解釋：

「一頭驢子被拴在電線桿上。如果牠想要逃脫，卻一味地繞著電線桿跑，最後牠只會被死死地綁在電線桿上。同樣的情況也發生在我們人類身上：當腦海中出現反覆且強迫性的念頭時，我們應嘗試用其他念頭來阻擋它們。」

森田療法的基本原則

1. 接納你的感受。如果我們有強迫性的想法，不要去控制它們，也不要試圖擺脫它們，因為那只會讓那些想法變得更強烈。一位禪師在談到人的感受和情緒時曾說道：「如果我們試圖用一波海浪去消滅另一波海浪，最終只會造成無數海浪組成的大海。」感受並非人類創造出來的，它們只是來到我們身上，我們只需要接受它們。其中最關鍵的一點是要歡迎它們的到來。森田常說，情緒就像天氣一樣：我們既無法預測也不能控制它們，能做的只是觀察。關於這一點，我們可

以引用越南僧侶釋一行禪師[註40]的話：「你好，孤獨，你今天好嗎？來，坐下來，讓我來照顧你。」

2. 做你應當做的事。沒有必要將精力放在消除症狀上，因為恢復的過程將自然發生。要著眼於當下，如果正在承受痛苦，那麼就接受它。特別是要避免從理性出發。這個療法的目的是要發展個人的性格，從而能夠面對任何情況，而性格的形成則依賴行動。森田療法並不向病人做任何解釋，而是讓病人自己從行動和活動中學習。與其他西方療法不同，它不會告訴你應該怎樣打坐或如何寫日記……。在森田療法中，病人藉由自身的經驗逐漸去發現、探索。

3. 發現你的人生目標。儘管不能控制情緒，但我們可以決定自己每一天的行動。因此，我們需要擁有明確的目標，並始終牢記森田的口頭禪：「現在我們需要做什麼？」「現在我們該採取什麼行動？」想回答這兩個問題，最關鍵的是要在自省後，發現自己的 *ikigai*。

註40　釋一行禪師（1926- ），越南人，現代著名的佛教禪宗僧侶、作家、詩人、學者暨和平主義者。

森田療法的4個階段

森田正馬最初的療法將歷時15天至3週，包括以下幾個階段：

1. 隔離與休息（5-7天）

在治療的第1週，患者將在一間沒有任何外界干擾的房間休息。房中沒有電視、書籍、親人、朋友，也無法說話。患者唯一擁有的是自己的想法。在大多數時間裡，患者是躺著的。在這個階段，身心將得以恢復。治療師會定期做探訪，並避免與病人過多的互動。治療師只會建議患者在躺著的時候，保持觀察自身情緒的起落。當患者感到無聊並且想要重新開始做事的時候，就可以進行下一階段的治療。

2. 輕度職能治療（5-7天）

在第2階段，患者將安靜地做些單調、重複的事。其中一件是經由寫日記來發現自己的想法和感受。患者在閉關1週後，來到室外，於大自然中散步，做呼吸練習，同時也開始做一些簡單的活動，例如園藝或繪畫。在這個階段，患者依然不能與治療師以外的人談話。

3. 職能治療（5-7天）

患者將有體力勞動，譬如森田喜歡帶著他的患者去山上砍柴。除了體力勞動，患者也將進行一些其他活動，像是寫作、繪畫、陶藝……。患者可以與其他人說話，但在這個階段，聊天的內容只限於正在進行的活動。

4. 回到「真實的」世界和社交生活

患者將離開醫院，回到社交生活，但必須持續之前在醫院裡做的靜坐和職能治療，目的是要患者以一個全新的自我回到社會、擁有人生的目標，且不再像木偶一般被社會和情緒所操控。

內觀靜坐

森田也是了不起的內觀靜坐禪師，他的許多治療方法都來自他對內觀靜坐的瞭解。練習者需要問自己以下3個問題：

1. 我從某人那裡得到了些什麼？
2. 我給予了某人一些什麼？
3. 我為某人帶來了哪些麻煩？

通過這樣的探索過程，我們將不再指責他人為我們帶來麻煩，而是反省自身的責任。正如森田所說：「如果你很生氣、想要和自己打一架，在動手之前先想3天。3天後，想要打架的緊張情緒將自然消失。」

現在，*ikigai*

意義療法與森田療法都基於一種個人的且不可轉讓的經驗，並且不需要治療師或靈性潛修就能進行，它的使命是找到自己的 *ikigai*、點燃生活的意義。一旦發現了 *ikigai*，就要鼓起勇氣，努力在這條路上走下去。

接下來，我們將探討在這條路上所需要的基本工具，包括：精於你選擇從事的事情、有意識地保持飲食平衡、適度的體能鍛煉，與學會不讓自己在困難面前崩潰。你必須接受世界和住在這個世界上的人是不完美的現實，但也知道這個世界充滿了成長和實現夢想的可能。

你準備好獻身於這個世界上最重要的事——你的熱情——了嗎？

Chapter. V

心流於每一件事

如何將工作和餘暇轉化爲成長的空間

「我們每天反復做的事造就了我們。優秀不是一種行為，而是習慣。」

——亞里斯多德

精於經驗

想像你在最喜歡的雪道滑雪。滑行間，雪濺了起來，彷彿完美無瑕的白沙在空中飛揚。一切都很完美。

你所有的注意力都集中在展示你最佳的滑雪技能上。你清楚地知道在每一個瞬間應該完成哪些動作。沒有過去或將來，只有當下。你感受到雪、你的滑雪板、你的身體和你的意識。你們變成了一體。你完完全全沉浸在這件事當中，不想其他任何事情，也不分心。你的自我被稀釋了，你變成了你正在做的事情的一部分。

這種經驗正是李小龍的名言：「像水一樣吧，我的朋友。」[註41] 我們都有過這樣的感受：沉浸在一項非常享受的活動

註41　「Be water my friend.」是李小龍在1971年的訪談節目中所談論的一種哲學思想概要。

中，對時間的感知被稀釋；我們開始做飯，而當我們意識到的時候，已經過了好幾個鐘頭。我們在下午讀一本小說，繼而忘掉生活中的煩惱，直到發現太陽已經下山而我們還沒吃晚飯，這才回到現實生活中。我們在海上衝浪，直到第2天感到全身肌肉痠痛，才會意識到前一天在海上待了太長時間。

當然，我們也會遇到相反的情況：被強迫做一件沒有興趣的任務或工作時，每一分鐘都顯得極其漫長，而且忍不住不停地查看時間。

正如愛因斯坦所說：「如果你坐在滾燙的熱板上1秒鐘，感覺像過了1個小時；但如果是一個漂亮的女孩坐在你的腿上1個小時，感覺起來卻像1秒鐘。這就是相對論。」

有趣的是，也許在我們痛苦地希望這項工作快點結束的同時，其他人卻正享受其中。

究竟是什麼讓我們喜歡做一件事、讓我們太過享受那個過程而忘掉了生活中的所有煩惱？人們會在什麼時候感到最為幸福呢？

「心流」的力量

前面是米哈里‧齊克森[註42]提出的問題。齊克森對人類完全沉浸在某一項任務中的狀態，做了深入的研究，並稱之為「心流」狀態（flow），定義為「我們完全沉浸在生活中的快樂、享受、創造和過程裡。」

沒有神奇的祕方能讓你立刻得到幸福、為自己的 *ikigai* 而活，然而能夠獲得幸福的關鍵之一，就是進入這種心流狀態的能力。讓心流發生，我們就能得到「最優化的體驗」。

因此我們應該把更多時間花在那些有助於進入心流狀態、而非享受當下快感的活動，比方暴飲暴食、濫用毒品和酒精，或一邊看電視一邊狂吃巧克力等等。

正如《心流》作者所說：「心流是人們沉浸在一項活動中，而其他任何事都不再重要的狀態。達到那種狀態時的體驗是如此令人愉悅，使人們為了能繼續體驗心流而不惜犧牲生活中的其他方面。」

並非只有需要精力高度集中的創意行業，才能夠實現心流狀態。大多數運動員、將棋選手或工程師，也能長時間進入心

註42　Mihaly Csikszentmihalyi, 1934- ，匈牙利心理學家。

流狀態。

　　齊克森的研究表示，一名將棋選手在進入心流時的感受，與一名正在解決難題的數學家或一名正在進行手術的外科醫生相同。這名心理學教授分析了生活在不同文化和不同地方人們的資料，發現心流的體驗對任何一個人、任一種文化和任何年齡來說，都是一樣的。

　　無論是在紐約還是沖繩，每一個人都以同樣的方式發現自己的心流狀態。

　　那麼，當我們進入這種狀態時，意識又發生了什麼事呢？

「心流」的7個條件

根據歐文·謝弗的研究，想要在活動中進入心流狀態，必須滿足以下條件：

1、知道要做什麼。
2、知道怎麼做。
3、知道自己做得如何。
4、知道方向（如果涉及導航）。
5、有著雄心勃勃的挑戰心。
6、使用最佳的人力資源。
7、不受外界干擾。

進入心流，就意味著我們正專注於某項特定的活動，不受任何事物的干擾。我們的意識「秩序井然」。當我們試圖專心做某事、心裡卻想著別的事情，就會發生相反的情況。

如果你常在重要的工作中心有疑問或雜念，可以參考下面這些技巧，它們將盡可能地幫助你進入心流的狀態。

實現心流的技巧1：
選擇一項夠難、但又非太難的挑戰

根據謝弗提出的條件5，我們需要選擇一項有可能完成、同時又稍微超出自己能力範圍的任務。

所有任務，無論是運動還是工作，都擁有一連串規則，我們則需要一定的技能才能加以遵循；如果規則很簡單，以我們的技能來說就會太容易，最後感到無聊；太過容易的活動讓人易於冷漠及厭倦。

相反地，如果選擇一項太難的任務，我們又缺乏完成所需的知識和技能，在剛開始沒多久就選擇放棄，而且還會覺得沮喪。

最理想是找到一個中間值，一項與我們的能力相當、卻稍稍超出一點兒的任務，這樣才會有挑戰性。這正是歐內斯特·

海明威說的：「有時候我寫的比我以為的要好。」

在這樣的任務中，我們會想要堅持到最後，因為不斷克服困難、超越自我的感受讓人非常享受。

伯特蘭・羅素[註43]也表達過類似的觀點：「如果你想要在很長一段時間內集中精力，就需要面對一項艱難的挑戰。」

假設你是個平面設計師，那麼在下一個工作項目使用一個新軟體，就是對你的挑戰；如果你是名程式設計師，不妨採用一種新的程式設計語言；倘若你是舞者，那麼嘗試在舞蹈中加入某個（幾年前）你覺得不可思議的動作吧！

加入新事物，讓自己走出舒適圈！就算是閱讀這般簡單的任務，也需要遵循一定的規則。我們需要一系列的技能和知識來閱讀：不是物理專家的我們，倘若開始讀一本寫給物理學家的、關於量子力學的書，一定會在幾分鐘後就把書放下，因為沒一個字看得懂；而在另一種極端的情況下，如果我們已經瞭解一本書的全部內容，那麼閱讀就會很無聊。

因此，要是一本書適合我們的知識和技能水準，並含有新知識，那麼我們將會沉浸在閱讀當中，任時間飛馳。閱讀是大多數人每天都能進入心流狀態的活動之一。

註43　Bertrand Russell, 1872-1970，英國哲學家、數學家和邏輯學家。

挑戰		
很容易	有一點兒難度	超出我們的知識範圍
無聊	心流	焦慮

實現心流的技巧2：擁有具體且明確的目標

電玩——以不過度為前提——桌上遊戲和體育運動，是進入「心流」的理想活動，因為它們的目標通常都很明確：在遵循一系列定義清晰的規則下，超越自我或戰勝你的對手。

不幸的是，生活中的大多數情況下，我們的目標並非如此明確。

波士頓諮詢公司的一項調查顯示，問到跨國企業的員工關於上司的問題時，最常聽到的抱怨是：「我的上司從不清楚定義我們團隊的任務，我實在不知道自己工作的目標是什麼。」

很多時候——尤其是在大公司——公司的管理層將精力全部耗在規劃和創建策略中、沉迷於細節，卻沒有明確的最終目標。這就好比是帶著地圖到海上航行，卻不知道要去往哪裡一樣。

麻省理工學院媒體實驗室的主管伊藤穰一常說：

「擁有一個指向目標的羅盤，比擁有一張地圖更重要。」

無論是創意行業還是教育領域，在無目的地開始工作、學習或「創造什麼」之前，最重要的是思考需要完成的目標。我們可以自問以下這些問題：

- 你今天下午學習的目標是什麼？
- 你今天要為下個月即將刊出的文章寫多少頁？
- 你的團隊的使命是什麼？
- 為了在週末能熟練奏鳴曲的快板，你明天打算把節拍器調節在何種速度？

擁有明確的目標，對於進入心流非常重要，然而當我們開始進行任務，就該把目標放到一旁。

儘管擁有明確的目的地很重要，一旦開始旅行，我們就不能只沉迷於抵達目的地。

當一名運動員在為奪得金牌而比賽時，就不該只想著金牌有多珍貴，而是應該全心投入到當下，進入心流狀態；如果運動員在某個瞬間分心、想著向父母展示金牌將有多自豪，那麼他／她一定會在最後一刻犯錯，從而在比賽中失利。

「作家的腦閉塞」便是典型的例子。試想一下，一位作家得在3個月內完成一部小說。作家很瞭解這個目標，卻不停地想著它。

　每天起床時，作家想道：「我得寫小說。」然後開始讀報，接著打掃屋子。下午3點，他感到沮喪，並為第二天制定新計畫。

　一天過去了，一週過去了，一個月過去了，他卻一個字都沒寫。事實上，他所需要做的無非是坐在書桌前，在一頁白紙上寫下第一個詞、第二個詞……進入心流，展現 *ikigai*。

　當你這麼做，焦慮將消失無蹤，而你會愉快地進入心流。讓我們再次引用愛因斯坦的話：「一個快樂的人總是太過滿足於當下，而不會浪費時間去想未來。」

腦閉塞 vs. 心流

目標模糊	目標定義清晰、精力集中在過程	沉迷於實現什麼、並未將精力集中在過程
感到混亂。精力和時間浪費在無謂的任務中	心流	只注重目標而不著手過程
腦閉塞	心流	腦閉塞

實現心流的技巧3：將精力集中在一項任務上

在現今這個被眾多新科技和干擾圍繞的社會，這點也許是我們面臨的最大阻礙之一。人們常常一邊聽 YouTube 的視頻一邊寫電子郵件，而當聊天視窗跳出，我們又開始回復對方的資訊；突然，智慧手機在口袋裡振動起來，我們回復了手機訊息後，再度回到電腦螢幕前，繼而打開臉書……。

半小時後，我們忘了自己在寫一封電子郵件。同樣的情況也發生在我們邊吃晚餐邊看電影時，直到最後一口都沒能體會到鮭魚的美味。現代人相信同時進行幾項任務能夠節省時間，然而科學研究的結果正好相反。即使那些聲稱自己善於「多工」的人效能也非常低；事實上，他們常常是效能最低的人。

我們的大腦可以過濾上百萬位元的資訊，但每秒只能處理幾十位元的資訊。當人們說自己在「多工」時，實際上只是迅速地從一個任務切換到另一個上頭。不幸的是，人並不是電腦，無法平行開啟多個項目；我們將所有精力用在切換任務上，而非專注做好其中一項。

只專注在一項活動上，或許是進入心流的最重要條件。

齊克森認為，為了能夠將精力集中在一項活動上，我們需要：

1. 處於一個良好、不受干擾的環境。
2. 始終能控制手上正在做的事情。

　　只有能夠加以控制，新技術才算有益於人；反之，如果我們是被它所控制，新技術就不再稱得上是有益。

　　比如你需要寫一篇研究論文，你可以坐在電腦前，在需要查詢的時候使用 Google 搜索；然而，倘若你不太自律，也許最終會把論文拋在一邊，瀏覽起其他網站。

　　Google 和網際網路控制了你的大腦，把你帶離開心流的狀態。

　　科學研究顯示，如果大腦不斷切換任務，只會浪費時間、徒增犯錯的機率，並降低記憶。

　　在史丹佛大學進行的一項研究中，我們這一代人被描述為遭受「多工綜合症」之苦。為了展示這種病症的害處，他們對數百名學生學習時的行為加以分析，之後再根據他們會同時進行任務的數量將其分組。

　　多工上癮的學生常常同時進行超過 4 項任務，例如一邊閱讀教科書，一邊記筆記、聽 podcast，還不時用智慧手機回復訊息、查看推特的 timeline。學生分好組後，讓他們坐在螢幕

前。螢幕上有若干紅色和藍色的箭頭，練習的目的則是要數紅色箭頭的數量。

最開始的時候，所有人都在短時間內輕鬆地數對了。然而，隨著藍色箭頭數量的增加（紅色箭頭的數量並未改變，只是變換了位置），習慣多工的學生漸漸無法在指定時間內數對紅色箭頭的數量。他們比那些平常不進行多工的學生數得更慢的原因，非常簡單：

藍色箭頭讓他們分心了！

他們的大腦被訓練會受任何類型的外界刺激干擾，哪怕只是一些無足輕重的外在因素。其他學生的大腦接受的訓練則是集中精力在一件任務上，因此他們可以忽略藍色箭頭，只關注紅色的。

其他一些研究表明，同時進行好幾件事情，至少會降低六成的效率，並將人的智商至少降低10分。

一項針對英國3,000多名患有多工綜合症的少女進行的生活研究發現，她們睡眠時間更少，感到在學校的融入程度更差，並且更容易罹患憂鬱症。

集中精力在一項任務	多工
增加進入心流的機率	不可能進入心流
提高工作效率	降低工作效率（六成），儘管表面上看不出來
提高記憶力	降低記憶力
降低犯錯的機率	增加犯錯的機率
能夠控制唯一在進行的任務，感覺鎮定	感到壓力，因為你覺得自己失去了控制，多工控制了你
讓你成為更專注、更關注周圍的人	因你總是留意所有外界刺激（看手機訊息、查看社交網路）而傷害了你周遭的人
提高創造力	降低創造力

我們應該怎樣才能避免患上多工綜合症、進入心流？我們應該如何訓練大腦，好將精力集中在一件任務上？以下是一些建議，能讓你定義一個毫無雜念的空間和時間，增加進入心流的機率：

- 在一天的第一個小時和最後一個小時，不要看任何類型的螢幕。

- 在進入心流前關閉手機。在這段你為自己選擇的時間裡，你要做的任務是世界上最重要的事。如果你覺得這樣太極端，可以將手機調到夜間模式，只有你最親近的人可以在緊急情況下聯繫你。

- 1週中選擇1天不使用電子設備。譬如週六或週日，唯有電子書和音響可以例外。

- 去一間不提供無線網路的咖啡廳。

- 1天只收取或回復電子郵件1、2次。定義這1、2次的時間，並且堅持下去。

- 番茄工作法。在身邊放1個廚房計時器（有些計時器的外形像番茄），在這段時間裡只進行一項任務。番茄工作法推薦每個週期工作25分鐘，然後休息5分鐘。當然，你也可以工作50分鐘、休息10分鐘。根據你自己的節奏安排時間；最重要的是嚴格遵循制定的番茄週期。

- 以你喜歡的儀式開始一項任務，並在完成後給予自己獎勵。

- 訓練你的意識，當你發現自己分心時，讓意識回到當下。正念、靜坐、步行、游泳，或是任何能幫助你集中精力的活動。

- 在無人打擾的環境下工作。如果無法在日常的空間工作，就去圖書館、咖啡廳。比方找個工作室練習薩克斯風……，

如果你發現周圍有干擾，就換一個場所，直到滿意為止。

- 將每項活動分類到相關的任務組，並為每個任務組安排不同的地點和時間。比方要為雜誌寫一篇文章，你可以早上在家裡做調查、寫筆記，下午到圖書館寫文章，晚上在沙發上編輯修改。

- 將日常事務（像是開發票、打電話等等）集中在一天中的某一個時段間完成。

日本的「心流」：
手工藝人、職人、工程師、天才和御宅族

工匠（手工藝達人）、工程師、發明家和御宅族（動畫和漫畫迷）之間的共同點是什麼？他們在任何時候都能敏銳地感受到，憑藉 *ikigai* 進入心流狀態的強大力量。

世界各地對日本人的印象之一是他們的勤奮和敬業。儘管在日本國內，也有人認為只是表面上看起來如此罷了。

但無庸置疑的，日本人會為了手頭上的任務、為了解決問題，而堅持不懈、廢寢忘食。

哪怕是微不足道的小問題，他們也會以近乎癡迷的態度認真解決。我們能在任何環境裡見到日本人身上的這種特質，無

心流的優勢	分心的劣勢
心智專一	心智分散
無憂無慮	日常生活的憂慮和周遭的人侵入我們的意識
時間飛逝	每一分鐘都無比漫長
控制感	失去控制。無法完成任務，或其他的人／事阻擾我們自由工作
準備充足	未做準備而行動
知道每一刻應該做什麼	不斷遇到挫折，且不知道該如何繼續
清醒的頭腦、消除思緒中的一切障礙	持續的焦慮、疑惑，缺乏自信
愉悅	無聊、疲憊
毫無干擾的環境	充滿干擾的環境：網際網路、電視、手機、周圍的人
自我消失了。不是我們在控制進行中的任務或活動，而是任務在引導我們	持續的自我批評。存在的不光是自我，還有挫折感

論是在長野山上無微不至地看顧稻田的退休人士，還是在24小時便利商店完成週末作業的大學生。而客戶服務的細膩程度也不只出現在24小時的便利商店中；在日本旅行，你幾乎可以在任何公共服務機構親身體驗到這些特質。

如果你前往那霸、金澤或京都的工藝品店，就會發現日本是個傳統手工藝的聚寶盆。日本人擁有非凡的能力，既能保持傳統手工工藝，又能在其基礎上加入創新的技術。

「職人」的藝術

豐田汽車雇用了一些能以手工製作某類螺絲釘的「工匠」。對豐田汽車來說，這些匠人（某手工藝方面的超級專家）非常重要，而且很難找到他們的接班人，因為他們之中也只有一些人才懂得該門技藝，沒有下一代可以傳承。

另一個例子是黑膠唱片的唱針製作。這門技術幾乎已在全世界失傳——除了日本。日本的工廠控制了近九成的生產市場，就連那裡也只剩為數不多的工人，知道如何用機器製作高精度的針頭；而這些人同時也在將這門技術傳給他們的後代。

在參觀廣島附近的熊野小鎮時，我們遇見了一名匠人。在那裡，我們花了一整天的時間，為一個在西方非常有名的化妝

刷品牌拍照。事實上，儘管該品牌是國外的，但化妝刷和其他用具的生產卻都在這個小鎮上；這裡滿是形形色色的刷子生產工廠，而且並非只製造化妝刷。

一進入熊野，我們就看見路邊的歡迎看板上畫著一個帶刷子的寵物。除了製造刷子的廠房，鎮上還有許多帶果園的小屋；在街上漫步時，山邊看得到幾座神道教的神社。

我們在工廠拍攝生產刷子的過程，生產線上的每一名工人都負責完成一項任務，從為刷柄上色到將刷子裝進卡車上的盒子裡。

拍了幾個小時後，我們意識到缺了將刷毛裝在刷頭上的工序。在詢問多次都沒得到答覆後，好不容易有一家公司的經理同意讓我們拍攝。走出廠房、上了他的車，5 分鐘後，車停在一間小廠房邊。我們爬上樓梯，經理打開一扇門，裡面是開了許多窗戶的小房間。

房間裡的自然光非常充足。房間中央是位戴著面具的女人，我們只看得到她的眼睛。她十分專注地用手逐一挑選刷子的毛，以剪刀和刷子過濾毛髮，絲毫沒留意到有外人出現；她的動作敏捷，很難看清她到底在做什麼。

經理打斷了她的工作，告訴她我們會在她工作的同時拍一些照片。我們看不見她的笑容，但是從她雙眼的光芒和愉悅的

口吻中，可以發現她在微笑。在為我們講述她的工作和責任時，她顯得非常高興和自豪。

在拍攝她的雙手時，我們不得不使用非常快的快門速度才能夠清晰拍攝下她手的動作。她的雙手在工具和被梳理的毛髮之間舞蹈、與它們融為一體。經理告訴我們，儘管這名匠人隱藏在廠房中，卻是整間公司最重要的人之一，這裡生產的成千上萬把刷子，每一根毛髮都經過了她的雙手！

賈伯斯在日本

執著於品味及風格的蘋果公司聯合創辦人史蒂芬・賈伯斯是個日本迷，他除了在上世紀八〇年代參觀過索尼的工廠，並將許多索尼的流程帶給了蘋果，還十分迷戀在京都看到的、簡約且質優的日本陶瓷。

但收服史蒂芬・賈伯斯的並非某個京都人，而是一名富山的職人，釋永由紀夫。釋永由紀夫是少數掌握「越中瀨戶燒」技術的陶藝匠人之一。在某次訪問京都時，賈伯斯去看了一場釋永由紀夫的作品展，非常欣賞其作品的特別之處，並買了幾個杯子、花瓶和盤子，最後1週內看了展覽3次。此後，賈伯斯數次為了尋找靈感而拜訪京都，並見到了釋永由紀夫本人。

據說賈伯斯向釋永由紀夫提出的所有問題，幾乎都與製作細節和使用的陶瓷類型有關。

釋永由紀夫告訴他，他用的富士山白瓷是親自上山找來的，這也讓他成為唯一一個從山上的原物料開始、全面瞭解陶瓷製作過程的藝術家，一名真正的職人。賈伯斯深感震撼，如果不是超過4個小時的火車車程，他會立即前往釋永由紀夫採集白瓷的富士山上去看看。

賈伯斯去世後，釋永由紀夫在接受採訪時表示，他為自己的藝術能夠受到蘋果公司創辦人欣賞而深感自豪。他補充道，賈伯斯在最後一次採購中買了12個茶杯，而且想要特別一點的、遵循「一種新的風格」。為了滿足賈伯斯的願望，釋永由紀夫用了150個杯子來測試新想法，最終挑了12個最好的寄給賈伯斯一家。

自從第一次訪問日本，史蒂芬・賈伯斯就被日本的工匠、工程（特別是索尼）、哲學（尤其是禪宗）和料理（特別是壽司）深深吸引，並從中汲取靈感。

複雜的簡單

烹飪、禪宗、工程和日本工匠之間的共同點是什麼？是簡

單和對細節的關注。但這種簡單並不等於枯燥，而是繁複的、試圖開拓新的領域，帶領創造物、身體／心智或食物達到新的水準。

就像米哈里說的，人始終需要一個較高水準的挑戰，才能在激勵中不斷加以克服、進入心流狀態。在紀錄片《壽司之神》[註44]中，我們看到的例子是個在廚房裡工作的職人。紀錄片主角小野二郎，80年如一日地每天堅持做壽司，並在銀座地鐵站經營一間小壽司店。他和兒子親自去魚市場為餐廳挑選最優質的食材。在片中，小野二郎的兒子學習做煎蛋捲（厚蛋燒壽司中的蛋捲），儘管練習了很多次，卻始終通不過父親這一關。於是，兒子年復一年地練習，直到有一天終於得到父親的點頭認可。

為什麼兒子從未放棄？每天煮雞蛋不會無聊嗎？

小野二郎和他的兒子都是食物的職人。他們在烹飪中進入心流，所以不會感到無聊。他們極度享受烹飪的過程；對兩人來說，這是最純粹的快樂、是他們的 ikigai。他們學會了享受自己的工作，將工作變成愉悅之事，時間彷彿也停止下來。

幫助他們克服日常挑戰的，除了父子之間的緊密關係，也

註44　Jiro Dreams of Sushi，2011年上映，導演為大衛‧賈柏（David Gelb）。

要歸功於他們工作環境的安靜和放鬆，使2人能夠集中精力。即使當餐廳獲得米其林世界第一壽司店的評價，他們也從未想過要開分店，或是拓展業務。小野二郎的壽司店位於銀座地鐵站，小小的吧台只能容下10位客人用餐。對於小野二郎一家，比金錢更為重要的，是能在烹飪中進入心流，以創造能做出舉世最好壽司的條件和環境。無論是壽司師傅小野二郎，還是陶藝家釋永由紀夫，都是從「原產地」開始他們的工作的：小野二郎到魚市場挑最好的鮪魚、釋永由紀夫到山上選最好的陶土。在進入工作狀態時，兩人都與工作之物合而為一。

在日本，進入心流後、與物融合，就能創造出一種特殊的維度：根據日本神道教的說法，森林、樹木和物體都有一個 *kami*（精神或神明）。

無論是藝術家、工程師，還是廚師，創造者的責任都是利用大自然來「賦予生命」，並在創造的過程中，始終尊重大自然。在工作中，工匠與工作的物件合而為一，進入心流。鐵匠會說「鐵具有生命」，陶藝家會說「土具有生命」；日本人非常善於將大自然與技術結合。他們並非違背自然的人，而是善於將兩者融匯在一起。

吉卜力的純粹

有人說，神道教中與大自然結合的價值正在喪失，當中最主要的批評者便是吉卜力動畫電影工作室的導演宮崎駿，一位擁有明確 *ikigai* 的天才創作者。

幾乎在他所有的電影中，都有技術、人類、幻想和大自然的衝突，並且最終和解。在影片《神隱少女》中，最讓人印象深刻的便是借用一個滿是垃圾的肥胖神明來隱喻汙染的河流。

在宮崎駿的電影中，森林有各自的性格，樹木有感情、機器人與鳥兒成為朋友……宮崎駿被日本政府視為國寶，他除了宣導重新與大自然結合，還是一位專注於手上工作的藝術家。

他沒有電腦，依然使用著上世紀九〇年代末的手機，並要求他的團隊手工繪圖。在「導演」電影時，宮崎駿把所有細節都創作、繪畫在紙上。

繪畫使他進入心流，電腦則不行。正因為導演的執著，吉卜力工作室才成為世上僅存的幾間依然靠傳統工藝完成整部動畫製作的工作室之一。如果你有幸在某個週日參觀吉卜力工作室，會發現角落裡有個人在工作。一個普普通通的人，他不會抬頭，卻會跟你說「Ohayo」（早安；お早よ）。

在那裡，你會遇見這位幾屆奧斯卡獎得主，他一個人畫

畫，獨享週日的時光。對工作的熱情讓他許多個週末都在工作室中度過、享受心流，將他的 *ikigai* 置於一切之上。人們也都知道，無論在任何情況下，都最好不要打擾宮崎駿，因為他的壞脾氣也是出了名的，特別是在他專心繪畫被中斷的時候。

2013年，宮崎駿宣布退休。作為紀念，日本 NHK 電視臺專門製作了一部紀錄片，展示他工作的最後一段日子。紀錄片中幾乎每一個場景裡，宮崎駿都在畫畫。其中一幕，幾位同事在開會，他則在角落裡專心畫畫，一點兒也沒聽開會的內容。另一幕是在12月30日（日本的國定假日）那天，他走去工作室、打開吉卜力的門，準備一個人在那裡畫畫，消磨這一天。

「退休」後的第一天，宮崎駿沒有去旅行，也沒待在家裡，而是去了吉卜力工作室，坐下來畫畫。他的同事們一臉驚訝，不知道該說什麼。如果一個人非常熱愛他／她的工作，那麼他／她能夠真正退休嗎？宮崎駿無法停止畫畫。在他「退休」後一年，他宣布自己不打算拍電影了，但「會繼續畫畫，直到生命的最後一天」。

擁有 *ikigai* 的隱士

其實不只日本人能夠享受心流；世界各地也有許多擁有強大而明確的 *ikigai* 藝術家與科學家，所以他們從不會真正地退休。他們堅持做著自己喜歡的事，直到生命的最後一刻。

愛因斯坦閉上雙眼前，最後一次寫下的方程式試圖將宇宙中的所有力統一起來。他在去世前依然做著熱愛的事。如果沒有成為物理學家，愛因斯坦聲稱自己將會選擇獻身音樂。在他不專注於物理和數學的時候，他很喜歡拉小提琴。在鑽研公式或拉小提琴的時候，愛因斯坦都能進入心流，這兩件事都是他的 *ikigai*，帶給他莫大的幸福。

很多藝術家看起來脾氣都不太好，或者隱居於世，但他們真正的目的是保護自己快樂的時光，因此有時候不得不犧牲生活的其他方面。這些孤立的案例展示了心流如何極端地影響人們的生活方式。

隱士的另一個例子是村上春樹。據說一般人很難接近他，他只有一個非常親密的朋友圈，在日本每隔幾年才公開露面一次。

藝術家知道保護其空間、環境的重要性，他們需要不受干擾，才能帶著 *ikigai* 進入心流。

微心流：享受日常工作

然而，當我們不得不做某件事的時候——比方：洗衣服、修剪花園的草坪、填寫繁複的表格——該怎麼辦呢？可以將這些日常工作轉變成愉悅的事情嗎？

在東京的神經中樞之一：新宿站，有一間超市，依然存在著電梯操作員這樣的職業。超市電梯就是一般的電梯，搭乘的人可以自己操作，然而那間超市卻選擇由專人來完成打開電梯門、按樓層按鈕、在乘客離開時致意的工作。

在採訪中，我們得知有一名電梯操作員從2004年開始，就一直做著同樣的工作。電梯操作員總是保持微笑、帶著熱情完成工作；他們是怎麼享受這樣簡單的工作的？在做了這麼多年如此簡單的工作後，難道不會感到無聊嗎？

如果稍微仔細觀察，你會發現電梯操作員的工作不只是按按鈕，而是一系列有序的動作。首先，他們以歡快的聲音向客人問好，接著鞠躬、握手問候，然後優雅地移動手臂按下電梯的按鈕，姿勢之曼妙猶如藝妓在為你倒茶；齊克森將這種發生在日常生活中的心流稱為「微心流」。我們每個人都曾在中學、大學或某個會議中感到無聊，於是在紙上塗鴉、找點兒事做。又或者我們曾在粉刷牆壁的同時吹口哨。由於所做之事並

不具真正的挑戰性，因此我們感到無聊、自行添加了一些別的事情，讓任務變得好玩一點。

我們將日常工作變成微心流，以便稍微享受做事的過程，這種能力對於我們是否「幸福」至關重要——因為日常工作是不可避免的。

就連比爾·蓋茲也堅持每天晚上洗碗。身為世界首富，他並不需要親自洗碗，他卻選擇這麼做了。他說自己很享受這個過程，因為洗碗能讓他放鬆下來、梳理思緒。而且，為了每天都做得更好一點，他為自己定下一系列規則：先洗盤子，其次是叉子，然後……。

洗碗是他日常生活中的「微心流」之一。

歷史上最重要的物理學家之一，理查·費曼[45]也同樣享受日常工作。

在費曼已經享譽世界之際，思維機器（Thinking Machines）電腦公司的創辦人聘請他參與設計可以做平行處理（Parallel Processing）的電腦。

進公司的第一天，費曼問道：「我可以幫忙嗎？」那時候

註45　Richard Feynman, 1918-1988，美國理論物理學家，量子電動力學創始人之一，奈米技術之父。

公司還沒準備好，因此讓他解決一些數學問題。這位物理學家很快意識到，公司只不過是為了不讓他無聊，而分配給他一些毫不重要的工作。他抱怨道：「這些問題毫無意義，給我點真正重要的工作吧。」

結果他被派去附近的文具店買辦公用品，他則微笑著完成使命。在他沒有重要工作或需要讓頭腦休息的時候，費曼就會進行「微心流」，比如在辦公室的牆上畫畫。

幾個星期後，思維機器的投資者在參觀辦公室後說：「你們辦公室有個在牆上畫畫和焊接電路的諾貝爾獎得主。」

卽刻的假期：冥想之門

由於靜坐冥想能鍛煉大腦的「肌肉」，因此訓練心智有助於我們快速進入心流狀態。

冥想的方式很多，目標都只有一個：平靜心靈、觀察思想和情感，並將注意力集中在冥想的唯一一個對象上。

最基本的冥想是從打直背坐好、專注於呼吸開始。任何人都可以冥想，並且在第一次就感受到效果。透過將注意力僅僅集中在從鼻子進出的空氣上，我們便可以阻擋思想的洪流，清理精神的視野。

1988年奧運女子射箭金牌的得主，是位年僅17的韓國運動員。當被問及她的訓練內容時，她說其中最重要的一部分是每天靜坐2個小時。

教會我們的心智輕鬆進入心流的最佳方式，即靜坐冥想，它也是我們口袋裡不時發出各類通知提示的智慧手機的解藥。

在開始練習冥想時，最常見的錯誤是執著於「做好」、想要讓頭腦空白，或是達到「涅槃」。事實上，冥想中最重要的是專注於冥想的旅程。

由於我們大腦裡的思緒、想法和情感處於持續的混亂中，就算只能達到幾秒的「離心」狀態，也會體驗到即刻的放鬆和嶄新的清晰。

事實上，我們在冥想中學會的事情之一，就是不因任何經過大腦的事物感到焦慮。比方說，儘管殺死老闆的想法會進入我們的意識，但只需將它標記為「想法」、不加以判斷或拒絕，任它如一片雲朵那樣飄走。

它只是一個想法，如此而已。據專家計算，每天經過我們大腦的想法有6萬個之多。

冥想能在大腦中產生 α 波和 θ 波。在有經驗的冥想者腦中，這兩種腦波會立即出現，而初學者則可能需要半個小時。這兩種讓人放鬆的腦波與人們入睡前、躺在陽光下休息，或剛洗完熱水澡後被啟動的腦波相同。

　　也就是說，每個人腦中都有一個療養勝地，如果我們想要即刻的假期，只需要學會如何進入它——而世上每個人都能在練習後辦到。

Chapter. VI

百歲老人的啓示

—— 大宜味村關於長壽和幸福的
—— 傳統與人生格言

前往大宜味村，需要從東京飛行近3個小時、到達沖繩的首府那霸。幾個月前，我們聯繫了「百歲老人村」的村委會、解釋此行的目的，並提出採訪大宜味村最高齡長者的願望。

經過幾次交涉，2名村委會事務員幫我們在村子的邊上租了一棟屋子。在這個計畫開始了一年之後，終於來到了世界上最長壽者的家門口。

我們很快就意識到，在這裡，時間彷彿停止，每個人都像活在一個無止境的當下。

抵達大宜味村

從那霸車行2個鐘頭後，終於無需再擔心繁忙的交通；右手邊出現了大海和荒涼的海灘，左手邊則是沖繩森林覆蓋的山脈。

穿過名護市——沖繩人引以為傲、生產奧利恩（Orion）啤酒的城市——58號公路沿著海岸線一直延伸到大宜味村。

在公路和山坡間狹窄的空間裡，時不時會出現些小房子和商店。

在我們進入大宜味村的領域後，汽車經過一些散布著房屋的區域，卻看不出有什麼中心街區。

終於，我們隨著導航來到了目的地：大宜味村村委會支持與促進福利中心。

那是棟位於58號公路出口處的難看混凝土建築。

平（Taira）洋介等在後門處，我們從那裡進入。和他一起的是位面帶微笑、身材嬌小的女士，她自我介紹是雪（Yuki）。隨後，另外2名坐在電腦前工作的女士也站起身來，帶我們進到一間會議室。他們沏了綠茶，並給我們每人2只沖繩香檬。平 洋介是村公所福利方面的負責人，他身著正式西裝在我們面前坐下，然後打開了議程簿和資料夾。雪坐在他身邊。

平 洋介的資料夾裡有大宜味村所有的居民資料，按照每個「俱樂部」的年齡排序。他解釋大宜味村的特色之一，即是這裡的每個人都屬於一個小組（「俱樂部」或 *moai*），小組裡的人們互相幫助。

小組並不是為了什麼特別的目的而成立，而是像個大家庭那樣。同時，他也告訴我們，在大宜味村，人們做許多事情並不是為了金錢，而是出於自願。每個人都主動為他人提供幫助，而村公所則負責組織與分配任務。以這種方式，村裡每個人都感到自己是群體的一部分，並且能為村子貢獻一份心力。

大宜味村是抵達邊戶岬——群島中最大島嶼的北端——前的倒數第2個村莊。

從山頂往下，可以看見蔓延的村落，鳥瞰叢林的一片蔥綠。我們隨即問到「3,200名居民都住在哪裡？」儘管可以看見一些屋子，但它們散布在海邊，或是在穿插著二線公路的小山谷中。

社區生活

我們受邀到村裡為數不多的一家餐廳吃飯。然而，當我們抵達時，那裡僅有的3張餐桌都已被預訂了。

「沒關係，我們去美麗海（美ら海；Churaumi），那裡從不會客滿。」由紀子（Yukiko）朝她的車走去時說道。

她已經88歲了，依然自己開車，並以此為豪。她的副駕駛員99歲，也決定陪我們一起去。

我們不得不全速跟上她的車，一點兒也不敢怠慢，而有些路段根本沒有鋪柏油，只是泥土路。最後，我們來到了叢林的另一側，坐下來用餐。

「我從不在餐廳吃飯。我吃的每一樣東西幾乎都來自我的菜園，」由紀子坐下來的時候說，「魚的話，我都跟田中（Tanaka）買，他是我從小到大的朋友。」

餐廳位在海邊，彷彿是從《星球大戰》裡的塔圖因[註46]冒出來似的。菜單上用大大的字體寫著，這裡供應的是使用村裡有機蔬菜烹飪成的「慢農場」菜。

「但是，食物並不是最重要的。」由紀子接著說。她性格非常外向，也有些張揚；她喜歡炫耀自己身為幾個隸屬於村公所協會的理事身分。「食物並不能延長生命，長壽的祕訣是微笑和過得開心。」她說，一邊將套餐裡的小甜點放進嘴裡。

大宜味村沒有酒吧，餐廳也只有1、2家，當地人卻環繞著社區中心過著非常豐富的社區生活。村公所底下包含了17個社區，每個社區都有自己的主席和執掌不同事宜——文化、節慶、社會活動和長壽——的負責人。

長壽是當地社區高度重視的一個面向，而我們獲邀參觀了其中一個社區的會議中心。那是一棟老舊的建築，毗鄰山原（Yanbaru）叢林的一處山坡，而大宜味村的守護神 Bunagaya（ぶながや）就住在這裡。

註46　Tatooine，《星際大戰》世界觀中、天行者家族的故鄉行星。

山原叢林裡的 *Bunagaya* 神

Bunagaya 神，就住在大宜味村和周遭村落附近的山原叢林裡。這些神奇的生物通常以留著紅色長髮的孩童形象出現，喜歡躲在叢林裡的細葉榕樹上，或是到海灘捕魚。

Bunagaya 神是沖繩當地許多故事和寓言中的主角。

祂們很淘氣，喜歡開玩笑，常常很快改變想法和意見，是不可預測的生物。

當地人說，*Bunagaya* 神喜歡山脈、河流、樹木、土、風、水和動物；如果你想和祂們做朋友，就必須尊重大自然。

生日聚會

進入里民中心時，20多名年長的居民前來歡迎我們，並驕傲地說：「我們當中最年輕的是83歲！」

我們坐在一張大桌前，邊喝綠茶邊做採訪。訪談結束後，他們帶我們來到一間聚會廳，眾人將一起為3個人慶生：一位年滿99歲的女士，另一位女士是94歲，以及一位剛滿89歲的「小夥子」。

我們唱了幾首村裡流行的歌曲，最後以一曲經典的英文版《生日快樂》結束。99歲高齡的女士吹熄了蠟燭，並謝謝所有前來為她慶生的人。我們品嘗了家庭製作的香檬蛋糕，然後一起跳舞，彷彿是一場20多歲年輕人的生日聚會。

這是我們在大宜味村的1週裡參加的第1場聚會，而且不是最後一場；我們和老人一起唱卡拉OK，他們唱得比我們還好。我們在山邊參加了當地的傳統節日，有本地音樂、舞蹈，以及兜售食物的攤位。

每天一起慶祝

節日和慶祝似乎是大宜味村生活方式中的重要成分。

我們受邀參加了一場 *getball* 競賽，它是沖繩年長者最喜歡的運動之一。*getball* 與法式滾球有些類似：使用一根棍子擊打球面。這種溫和的運動可以在任何地方進行，是讓大家聚在一起玩樂並運動身體的好藉口。各個社區都會舉行 *getball* 比賽，而且參賽者沒有年齡限制。

我們參加了當地每週舉辦的比賽，輸給了一位剛滿104歲的女士；全場所有人都熱烈鼓掌，看著我們失敗受挫的表情而大笑不已。

除了社區娛樂和慶祝活動，精神生活也是為村民帶來幸福感的重要因素。

沖繩的神

沖繩王國最初的宗教被稱為「琉球神道」，意思是「神的道路」，混合了中國的道教、儒教、佛教，神道教、薩滿教和萬物有靈論的元素。

根據這一遠古的信仰，世界上居住著無數神靈，而且有許多類：房屋的神靈、森林的神靈、樹木的神靈、高山的神靈……，透過禮儀、節慶和建立神聖的場所來取悅這些神靈，是非常重要的事。

沖繩遍布著叢林與森林，它們都很神聖。在叢林和森林裡主要有兩類寺廟：*utaki*（御嶽）和 *uganju*（拜所）。比方在大宜味村的瀑布邊就有一座 *uganju*，它是開放式的寺廟，當中放有香火和錢幣。

而 *utaki* 則是由整齊的石頭砌成，人們在那裡祈禱──傳統上，神靈也聚集於此。

在沖繩的宗教信仰中，女人被認為在精神上優於男人，這與日本其他地區信奉的神道教相反。在這裡，人們認為女人掌

握著神的力量。*Yuta* 一職是村裡挑選出來、透過傳統儀式與神靈世界溝通的媒介。

　　在這個地方，敬拜祖先也尤其重要。在沖繩家庭的長子家中，通常會有一個小祭壇，作為向先祖祭祀祈禱之用；事實上，所有日本人都很重視敬拜祖先。

MABUI

mabui 是每個生靈的本質。它是我們精神和生命能量的來源。*mabui* 是不朽的，並且使我們每個人獨一無二。

有些時候，逝者的 *mabui* 被困在某個生者的體內，因此需要舉行分離儀式、釋放逝者的 *mabui*。這通常發生在某個人突然死亡的時候 —— 尤其是年輕人，*mabui* 會不願離開死者。

mabui 也可以藉由接觸來傳遞。祖母將戒指留給她的孫女，也會將她的 *mabui* 傳下來。照片也是將 *mabui* 從一個人傳給另一個人的媒介。

愈老，愈強健

　　如果換個角度看，我們在大宜味村的日子可說是高強度的，同時也是非常放鬆的。這與當地人的生活方式有些相似，他們總是忙著做一些看起來重要的事，但如果你仔細觀察，會發現他們做每一件事時，都非常心平氣和。他們總是跟隨著自己的 *ikigai*，卻又不疾不徐。

　　最後一天，我們到村口的小市場去買禮物。那裡只出售大宜味村出產的蔬菜、綠茶和香檬汁，以及標籤上寫著「長壽水」的瓶裝水──來自山原叢林裡隱蔽的山泉。

　　我們買了「長壽水」，來到市場的停車場，面對著大海喝水，希望這彷彿擁有魔力的水能帶給我們健康、長壽，幫助我們找到自己的 *ikigai*。

　　我們與 *Bunagaya* 神的雕像拍了一張合照，並最後一次走近它，閱讀上面的題詞：

世界上最長壽村落的宣言

80歲了，我依然是個孩子。
當你前來尋找90歲的我，
請忘記我，待我年滿100歲再來。
愈老，愈強健，
別讓子女寵壞了我們。
如果你想要長壽和健康，歡迎來到我們的村莊，
你將會受到大自然的恩寵，
並與我們一同探索長壽的祕訣。

1993年4月3日
大宜味村長者俱樂部聯合會

採訪

1週的時間裡，我們共進行了100場採訪，詢問長者的人生哲學或 *ikigai*，以及他們保持長壽和積極生活的祕訣。我們用了2台攝影機加以記錄，製作成1個小型紀錄片。在本章，我們節選了一些最有意義和鼓舞人心的訪談。

受訪者都是百歲左右的長者，有些甚至超過100歲。在徵得同意後，我們將這些人長壽的祕訣概括如下：

1. 不要焦慮

「長壽的祕訣是不要焦慮。保持心臟的年輕，不要讓它衰老。帶著微笑打開你的心。如果你保持微笑並將心打開，那麼你的孫子和所有人都會想要見你。」

「讓自己不焦慮的最好辦法是出門走到街上，跟街上的人問好。我每天都出門。我對人們說：『早安啊！』『再見啦！』然後回到家裡，照顧我的果園。下午就跟朋友碰面。」

「在這裡，沒有誰跟誰過不去。大家都盡量不找麻煩。我們聚在一起，度過歡樂的時光，就這樣。」

2. 良好的日常作息

「6點起床，打開窗簾就看到外頭種著蔬菜的花園，是我每個早晨最期待的事。起床後我馬上就去花園裡看看番茄、柑橘……，我太喜歡看它們了，這讓我放鬆。在花園裡待了一個小時後，我回到屋子裡，準備早餐。」

「我自己種蔬菜，自己下廚，這就是我的 *ikigai*。」

「想要不被年紀迷惑，祕密在於手指。從手指到大腦，然

後再返回。如果你一直在工作中使用手指，就能活到100歲。」

「我每天早晨4點起床。我把鬧鐘設在4點，起來喝咖啡、開始運動，活動筋骨。這樣我一整天都會精力充沛。」

「我什麼都吃，我想這就是我的祕訣吧。我喜歡各種各樣的食物，因為它們都太美味了。」

「工作。如果不工作，你的身體會壞掉。」

「每天起床後，我走近佛壇（家庭祭祀），點1炷香。要惦記著祖先。這是我每天早晨做的第一件事。」

「我每天都在同一時間起床。很早起來，一整個上午都在果園裡工作。我每週和朋友們碰面1次，大家一起跳舞。」

「我堅持每天運動。每天早晨我都會散步一會兒。」

「我堅持每天起床後做體操。」

「多吃蔬菜，你就會長壽。」

「長壽僅取決於3件事：活動身體、吃得好、和朋友相聚。」

3. 天天培養友誼

「和朋友聚會是我最重要的 *ikigai*。我們大家聚在一起聊天，這非常重要。我總是想著，明天我們又會碰面了，這是生活中我最喜歡的一件事。」

「我最大的愛好是參加鄰居以及朋友聚會。」

「每天都和你喜歡的人聊天，是長壽的祕訣。」

「『早安啊！』『再見啦！』我跟去上學的孩子問好，也跟路過的所有汽車問好。『路上小心呀！』從早上7點20分到8點一刻，我都站在街上，跟路人打招呼。當所有人都離開後，我才回家。」

「和鄰居聊聊天、喝喝茶。這是生活中最美好的事。還有一起唱歌。」

「我每天早上5點起床，離開家，去海邊。然後我去一個朋友家裡，一起喝茶。這就是長壽的祕訣：和人碰面，從一個地方到另一個地方。」

4. 不疾不徐地生活

「我長壽的祕訣是常告訴自己：『慢慢來』、『冷靜一點』。不疾不徐地生活，才能活很多年。」

「我的日常工作是做柳條，它是我的 ikigai。我每天早上起床後做的第一件事是禱告。然後做運動、吃早餐。我7點鐘開始不疾不徐地做柳條，到了下午5點，我做累了的時候，就去找朋友。」

「每天做很多事情。保持忙碌，一件事一件事地做，不要有壓力。」

「長壽的祕訣是早睡早起，還有散步。從容地生活，享受每一件事物。和朋友保持良好的關係。春、夏、秋、冬……愉悅地享受每一個季節。」

5. 樂觀

「我每天都對自己說：『今天將是充滿健康和能量的一天！』然後全身心投入。」

「我98歲，依然覺得自己很年輕。我還有很多事要做。」

「笑，笑是最重要的。無論去哪裡，我都保持笑容。」

「我將會活到100歲。我當然會活到100歲！這對我來說是巨大的動力。」

「和孫子們一起唱歌跳舞，是生活中最美好的事。」

「我的好朋友都去了天堂。大宜味村已經沒有船了，因此也幾乎沒有了魚。從前，在這裡可以買到小魚和大魚。但現在這裡沒了船，也沒了人。它們都去了天堂。」

「我為自己出生在這裡感到很幸運。我每一天都感激生活。」

「在大宜味村，生活中最重要的事是微笑。」

「我在村裡當志工，是為了回報大家曾經給予我的。比如我幫助朋友，用我的車載他們去醫院。」

「長壽沒有祕密；訣竅不過是活著。」

大宜味村生活方式的整理

- 100％的受訪者都擁有自己的果園，大多數人都有一整片的茶、香檬、芒果……的栽種區。
- 每個人都屬於某個鄰里社團，在那裡，人人感到關愛，就像個大家庭。
- 他們常常慶祝，哪怕是為了件小事。音樂、唱歌和跳舞是他們日常生活中必不可少的一部分。
- 他們的人生都有一個或者好幾個重要使命。他們擁有 *ikigai*，但同時也並不太計較。他們做事的時候能保持放鬆和享受的狀態。
- 他們為當地的傳統和文化感到自豪。
- 無論做什麼，即使是再無足輕重的事，也帶著極大的熱情。
- yui-maru（ゆいまーる）——可以翻譯為「互助合作的精神」——在當地人心中具有牢不可破的地位。他們不僅在農事上互相幫助，比如收割甘蔗或種植水稻時，也自告奮勇地參與修建房屋或公共工程。最後一天和我們一起吃晚餐的朋友宮崎（Miyagi）港就說，他正在修建一棟新房子，所有的朋友都來幫忙，下次我們來大宜味村時，就可以住在那裡了。
- 他們保持忙碌，卻做著各種各樣的事讓自己能夠放鬆。在那裡，我們看不見一個老人坐在凳子上、無所事事。他們總是從一個地方去到另一個地方，去卡拉OK、找鄰居喝茶聊天，或是去參加 *getball* 比賽。

Chapter. VII

Ikigai 的飲食

——世界上最長壽者的膳食結構

根據世界衛生組織的資料，日本是世界上人均預期壽命最長的國家；日本男性的平均壽命為85歲，而女性則為87.3歲。

事實上，地中海型的氣候與飲食，讓西班牙的人均預期壽命已接近日本：西班牙男性的平均壽命為79.5歲，女性則為85歲。

不僅如此，日本也是世界上百歲老人比例最高的國家。正如我們在本書開篇看到的：每100萬居民中，就有452名百歲老人（2014年7月的數據）。

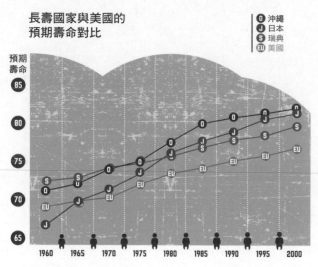

資料來源：世界衛生組織，1996年；日本厚生勞動省，2004年；美國衛生和社會服務部／疾病預防管制中心，2005年。

日本的平均壽命非常長，但在日本國內，不同縣市的平均壽命差異很大。左圖對日本、瑞典、美國和沖繩（日本縣）居民的平均壽命做了比較。從圖中可以看出，日本的平均壽命很長，而從上世紀七〇年代開始，沖繩即已遙遙領先。

沖繩所在的沖繩縣是受戰爭影響最嚴重的縣市之一，由於戰爭直接導致的死亡，以及戰爭結束後的饑荒與資源缺乏間接造成的死亡，在上世紀四、五〇年代，沖繩的平均壽命並不太長。然而，從戰爭中恢復過來後，沖繩便逐漸成為日本最長壽的地區。

日本人長壽的關鍵是什麼？沖繩又有什麼特別之處，使它成為第一中的第一？

比方有研究者指出，沖繩是日本唯一一個沒有火車通行的縣市，因此那裡的居民不得不走很多路；同時，沖繩也是日本唯一一個完全遵循日本政府提倡的、每日鹽分攝取量不超過10公克建議的縣市。

沖繩居民的神奇膳食

在這個位於日本南部的島嶼，心血管疾病的死亡率是全國最低，這與當地的飲食營養有緊密關聯。「沖繩飲食」經常出

現在全球各地有關食物的報刊上也並非巧合。

關於沖繩飲食最嚴謹——同時也最常被書籍和文章引用——的資料來自鈴木信。這位琉球大學的心臟病專家，在上世紀七〇年代發表了700多篇關於沖繩飲食和老齡化的科學論文。

後來布萊德利 J · 威洛克斯（Bradley J. Willcox）和克雷格 D. 威洛克斯（Craig D. Willcox）加入了鈴木信的研究團隊，並致力於被他們視為該課題的「聖經」上：2002年出版的《沖繩計畫》（*The Okinawa Program*）。在對這座長壽島居民的飲食進行了長達25年的研究後，他們得出以下結論：

- 當地人的飲食非常多樣化。尤其是蔬菜類；在這裡，多樣化顯得尤其重要。對沖繩的百歲老人所做的研究顯示，他們長期食用的食物——包括香料——有206種之多。在日常生活裡，百歲老人平均每天食用18種不同的食物，與我們可憐的「速食文化」形成了鮮明對比。

- 他們每天至少食用5碟蔬菜或水果。那裡的居民每天至少食用7種蔬菜和水果。檢驗餐桌上的菜是否足夠多樣化，最簡單的辦法就是「色彩的多樣化」。譬如一張擺著紅辣椒、胡蘿蔔、菠菜、花椰菜和茄子的餐桌上，就有許多顏色和種

類。在沖繩的飲食中最常見的是青菜、馬鈴薯和豆類，以及豆腐等豆製品。當地人每天三成的熱量都來自蔬菜。

- 穀類是他們飲食的基礎。日本人每天都吃白米飯，並且根據情況以蕎麥麵或烏龍麵 —— 最主要的2種麵類 —— 補充。米飯也是沖繩居民攝取最多的食物。

- 他們幾乎不直接攝取糖。即使攝取了，也是食用蔗糖。作為本書的作者，我們可以證明這一點，因為我們每天早晨前往大宜味村時，都會經過好幾個甘蔗園。我們還在今歸仁城（Nacizingusiiku）喝了杯甘蔗汁。甘蔗汁攤旁有張海報，上面是關於蔗糖對預防癌症有益的研究。

除了這些沖繩飲食的基本原則，也應該注意到，這裡的居民每週平均吃3次魚類，並且與日本其他地區不同的是，這裡食用最多的肉類是豬肉 —— 儘管他們1週只吃1到2次豬肉。

此外，鈴木信的研究還發現：

- 沖繩居民平均攝取的糖量是日本其他地區的1/3，這也就意味著糖果和巧克力在當地的飲食習慣中非常少見。

- 他們對鹽的攝取量幾乎只有其他地區日本人的一半。沖繩島居民平均每日攝取7公克的鹽，而日本其他地區的平均則是

12公克。

- 他們每日攝取更少的熱量：1,785卡（相較於日本其他地區的平均值2,068卡而言）。事實上，低熱量的攝取是5個「藍色寶地」的共同點。

Hara hachi bu（八分飽）

這點回到我們在第一章所提到的「80%定律」，這個概念在日語中被稱為 *hara hachi bu*（腹八分）。它的應用非常簡單，你只需要在感到即將吃飽、又還可以再吃一點兒的時候，停止進食！

開始練習 *hara hachi bu* 的一個簡單方法是不要吃甜點；或將通常的飯量減少一點。在吃完飯的時候，你應該會感覺還有一點兒餓，那就對了。

所以日本人用餐的分量通常比西方人要少得多。在日本用餐，並非像在西班牙那樣由前菜、主菜和甜點組成。通常情況下，食物分配在許多小碗裡：一碗米飯、一碗蔬菜、一碗味噌湯、一碗小菜。將食物盛在許多個小碗裡，不僅能夠呈現我們在本章開頭提到的食物多樣化，也有助於避免暴飲暴食。

hara hachi bu 的概念源自1,000年前。12世紀關於坐禪練

習的書籍《坐禪用心記》[註47]就推薦練習者在進餐時只吃2/3飽。「不要滿足食欲、吃少一點」是東方佛教寺廟裡飲食的共同點。也許佛教在過去9個世紀、甚至更早之前，就憑直覺瞭解到限制熱量攝取對身體的益處了。

所以，少吃就能長壽嗎？

很少人敢質疑這個論點。只要不太極端、造成營養不良，攝取比身體所需少一些的熱量無疑是長壽的助力之一。攝取較少熱量又能同時保持飲食健康的祕訣，在於食用許多富含營養價值的食物——在英文中這種食物被稱為「Superfood」（超級食物），並且限制攝取無營養價值、對人體無益的熱量。

限制無營養價值的熱量攝取是延長壽命的有效辦法之一。無論是從實驗室老鼠得出的結果，還是對「藍色寶地」居民的研究，都證明保留一點「飢餓感」——著名的「80%定律」——能延續身體的青春。如果體內總是有足夠、甚至過多的熱量，人就會感到昏沉、疲倦，因為身體正將大部分能量用在消化食物上。

註47　日本曹洞宗太祖瑩山紹瑾（1268-1325）著。

限制熱量攝取的好處之一是降低 IGF-1 的水準。IGF-1（第一型類胰島素生長因子）是種在老化過程中扮演重要角色的蛋白質，動物和人類老化的原因之一，即血液中存在過量的 IGF-1。

如果日常工作讓你無法遵循「80% 定律」，不妨試試每週斷食一或兩天。目前在美國流行的「5：2」飲食，建議人們每週斷食兩天（斷食日攝取少於500卡的熱量），其餘時間正常進食。

斷食有許多益處，其中之一是有助於消化系統的休息與淨化。

沖繩飲食中的15種天然抗氧化劑

抗氧化劑是能夠減緩細胞氧化、中和損害細胞並造成身體老化的自由基的分子。而綠茶眾所周知的抗氧化效果，我們會在稍後更全面地加以討論。

以下15種食物據信對沖繩居民的長壽至關重要，它們是沖繩居民的日常飲食，也都含有大量的抗氧化劑。

• 豆腐

- 味噌
- 鰹魚
- 胡蘿蔔
- 沖繩苦瓜（Goya）
- 昆布
- 白菜
- 海苔（紫菜）
- 洋蔥
- 豆芽
- 絲瓜
- 黃豆（煮熟或生吃）
- 紅薯
- 辣椒
- 茉莉花茶

茉莉花茶：沖繩的熱飲之王

　　茉莉花茶將綠茶與茉莉花混合，是沖繩居民最常飲用的茶。在西方，與之最相近的是從中國進口的茉莉花茶。沖繩大學的尚 弘子教授在一項研究中發現，茉莉花茶能降低血液中

的膽固醇含量。

在沖繩任何地方，包括大街上的飲料自動販賣機，你都能找到茉莉花茶。茉莉花茶除了擁有綠茶的抗氧化功用，還有以下這些益處：

- 減少心臟病發作的機率
- 加強免疫系統
- 有助於緩減壓力
- 降低膽固醇

沖繩居民平均每天喝3杯茉莉花茶。

在西方，要想找到這種綠茶與茉莉花混合的茶也許有點困難，但我們可以選擇市場上出售的茉莉花茶，或者直接飲用優質的綠茶。

綠茶的奧祕

數百年來，綠茶一直公認是擁有極高藥效的飲品。近年的研究證實了綠茶的藥效，也發現長期飲用這種古老飲料與長壽間的關聯。

綠茶源自中國，早在幾千年前中國人就開始喝它了。直到幾個世紀前，綠茶才被出口到世界其他地區。與其他茶不同，綠茶是直接在空氣中乾燥，未經過發酵，因此即使在乾燥和碎茶後，也能保留其活性成分，對於身體健康有許多正面影響：

- 控制膽固醇的水準
- 降低血糖
- 調節血液循環
- 維生素 C 能預防流感
- 高氟含量有對骨質有益
- 防止某些細菌感染
- 抵禦太陽輻射
- 淨化與利尿功能

白茶同樣含有大量的茶多酚，甚至可能具有更強的抗衰老功效；事實上，白茶為世界公認最強的自然抗氧化劑。1 杯白茶的抗氧化效果，約等於 12 杯鮮榨柳橙汁。

總而言之，喝綠茶或白茶有助於減少自由基的數量，從而常保青春。

大宜味村，一個例外

　　大宜味村又被稱為「百歲老人村」，是沖繩島上最長壽的村落。

　　在大宜味村，人們不僅更長壽，這裡的高齡者也更健康。在這個以農業為主的村子，不難看見九十多歲的老人騎著摩托車，或百歲老人在路上散步、在花園裡工作。

　　與日本其他地方相比，大宜味村居民的飲食是：

- 每日食用3倍以上的蔬菜。
- 攝取 1.5 倍的穀類（黃豆）。
- 比日本其他地區食用更多的海藻和魚類。
- 其白米的攝取量為日本全國平均以下。

香檬的力量

　　香檬是沖繩的上等柑橘，而日本全國最大的香檬產地則是大宜味村。

　　這種水果帶有極酸性（沒有加水中和的果汁無法直接飲用），味道介於酸橙和橘子之間，外表則與橘子非常相近。

香檬富含川陳皮素（Nobiletin），一種極具抗氧化性的黃酮類化合物。

任何一種柑橘——無論是葡萄柚、橘子還是檸檬——都含有川陳皮素，然而沖繩香檬所含的川陳皮素量是柳丁的40倍。科學研究證明，攝入川陳皮素能有效預防動脈硬化、癌症、第2型糖尿病和肥胖症。

除此之外，香檬還富含維生素 C、B1、胡蘿蔔素與礦物質。

香檬廣泛應用於各種傳統菜餚上，為食物增添滋味，同時也可以做成果汁直接飲用。

在前往大宜味村為本書做調查期間，我們就在當地老人的生日宴會上品嘗了香檬蛋糕。

西方抗氧化劑的方程式

2010年,《每日鏡報》發表了一份由專家提供的延緩衰老飲食清單,包含的食物有:

- 蔬菜:因為蔬菜中富含水、礦物質以及纖維。比如海藻和花椰菜。
- 油性魚類:因為其脂肪中含有大量的抗氧化劑。例如鮭魚、鯖魚、鮪魚和沙丁魚。
- 水果:維生素的重要來源,有助於排除毒素。柑橘、草莓和杏子是必不可少的。
- 漿果:具有大量的光化學抗氧化劑。譬如藍莓或枸杞。
- 堅果:含有抗氧化劑及維生素,為身體提供能量。
- 穀物:提供能量,並含有礦物質。如燕麥和小麥。
- 橄欖油:具有抗氧化效果,對皮膚尤其好。
- 紅酒:應適度飲用。紅酒具有很強的抗氧化和舒張血管的功用。
- 有規律地攝取這些食物將幫助我們感到年輕,延緩身體的早衰。

注意:應該將精製麵粉和糖、工業糕點、預煮食物和牛奶及其衍生產品從我們的飲食中去除。

Chapter. VIII

慢慢動，活久久

——對健康和長壽有益的東方運動

在「藍色寶地」所做的研究顯示，長壽者並非那些最經常進行體育運動的人，而是那些活動得最多的人。

在訪問大宜味村這個世界上最長壽的村落時，我們發現即使是年過八、九旬的老人也依然非常活躍。他們並非只是坐在家裡、看著窗外，或讀讀書報；大宜味村的居民走很多路，他們坐車去參加社區的卡拉 OK、早起並在用完早餐後，立刻去花園裡除草。他們並沒有特別做某些運動，日常生活裡卻一刻也沒閒著。

簡單得只需要從椅子上站起來

「在坐下來30分鐘後，新陳代謝將減緩90％，負責將脂肪從動脈轉移到肌肉的酶會減慢它的活動；在坐下來2個小時後，血液裡的好膽固醇含量將降低20％。然而，你只需要從椅子上站起來5分鐘，一切都將恢復正常。從椅子上站起來是再簡單不過的一件事，只有傻子才會對它說不。」加文・布蘭得利（Gavin Bradley）說道。他是這方面最著名的專家之一，也是一間國際協會的主管，致力於提高人們意識到久坐為健康帶來的損害。

對城市人來說，想要在日常生活中自然且健康地活動筋骨也許有些困難。然而，我們還是可以做點對身體有益、早在數百年前就已獲得認可的運動。

　　某些源自東方的運動，幾千年來也一直被東方人用以促進健康，幫助人們找回身心靈的平衡，在現代西方也非常流行。

　　瑜伽──源自印度但在日本非常流行；中國的太極或氣功以及其他一些運動方式，都旨在尋求身體和心智的和諧，讓人能夠帶著力量、快樂與平靜來面對生活。

　　事實上，科學證明它們是長生不老藥。這些溫和的運動能為身體帶來深遠的益處，尤其適合較難維持健康的老年人。研究表示，太極有助於減緩骨質疏鬆、延緩帕金森氏症、促進血液循環，增強肌肉彈性、強健肌肉。

　　加上運動能抵抗壓力和抑鬱，對情緒也有很大的助益。正如我們在日本的百歲老人身上看到的，東方式的運動有助於益壽延年。接下來，我們將介紹一些促進健康和長壽的運動方法。作為開胃菜，我們先展示一種純日本式的活動，來迎接一天的生活。

「廣播體操」

這種在早上做的熱身操，早在戰前就開始流行，名稱中的「廣播」一詞是因為最初練習的指令是從無線電廣播傳送的。

今天，人們通常在早上跟著播放體操的電視節目一起做。練習「廣播體操」的目的之一，是加強所有參與者的合作和團隊精神。

人們總是聚在一起做操，通常是在學校上課、或公司開始上班之前。

在對大宜味村居民所做的訪談中，我們發現其中一個共同點就是他們都會做「廣播體操」，其中大部分人在早上操練。即使在我們拜訪的療養院，有些坐在輪椅上的老人，每天也要練習5分鐘「廣播體操」。

做操時，人們通常聚集在體育場或大廳裡，在揚聲器的帶領下動作。

這個體操可以做5分鐘或10分鐘，取決於只做一部分或是完成整套練習。它的重點在於練習拉伸和保持關節的靈活性。「廣播體操」中最上鏡、也是最有名的一個動作，即將雙臂舉向頭頂，然後畫圈將手臂放下。

簡單版的「廣播體操」（5分鐘）

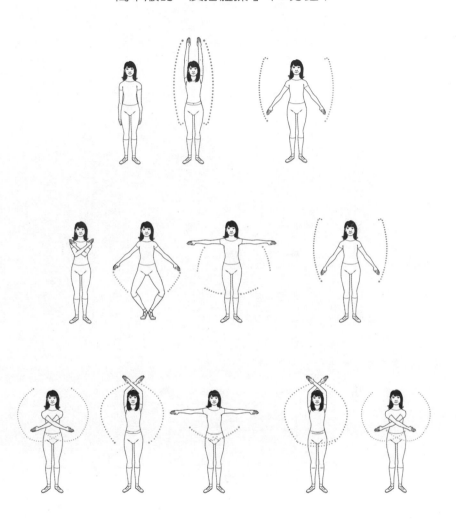

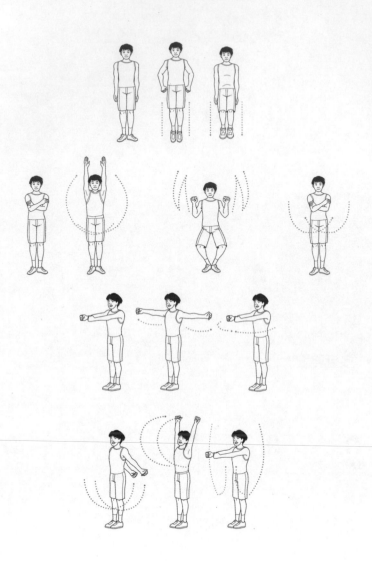

瑜伽

　　傳至日本及西方的瑜伽，幾乎適合所有人練習。藉由對姿勢的調整，它也適合殘疾人士或孕婦。瑜伽源自印度，在幾千年前，印度人為了尋求身體與心智的融合，而發展出瑜伽這個運動。「Yoga」在梵文裡是「枷鎖」的意思，指的是將役用動物和車輛連接起來的裝備。同樣地，瑜伽尋求的亦是身體和心智的連接，讓人進入更健康的生活、與周遭的事物融合。

　　因此瑜伽最主要的目的是：

* 讓人們接近人類的天性。
* 淨化身心。
* 接近神靈。

瑜伽的類型

　　儘管尋求的目標相似，但瑜伽根據其傳統和發展脈絡，分為幾種不同的類型。如瑜伽大師們所言，它們之間最基本的區別，在於為達到完美巔峰而採取的途徑。

- 智瑜伽（Jnana Yoga）：知識的瑜伽，在尋求紀律和心智的成長。
- 實踐瑜伽（Karma Yoga）：其重心在於一個人能為自己和社會做出的行動，以及承擔的任務與義務。
- 奉愛瑜伽（Bhakti Yoga）：奉獻並將自己交給神的瑜伽。
- 梵咒瑜伽（Mantra Yoga）：其重心在於背誦咒語，從而達到精神放鬆的狀態。
- 昆達利尼瑜伽（Kundalini Yoga）：透過綜合不同步驟達到理想狀態。
- 勝王瑜伽（Raja Yoga）：被稱為「王者之道」，包括不同的步驟來完成與自我及周遭的融合。
- 哈達瑜伽（Hatha Yoga）：西方和日本最普及的瑜伽，其特色是體位和姿勢，並從兩者尋求平衡。

如何向太陽行禮？

　　哈達瑜伽裡最具代表性的練習是拜日式。完成這個練習只需要進行以下12個基本步驟：

1. 雙腳併攏，身體站直，放鬆。呼氣。
2. 手掌合十，保持這個姿勢將手臂舉到頭頂上方。一邊吸氣，一邊將身體稍稍後傾。
3. 呼氣，將身體前傾，直到手掌觸地，保持膝蓋伸直。
4. 將一條腿後置，拉伸大腿，讓指尖觸地。吸氣。
5. 將另一條腿後置，保持手臂和大腿拉伸，同時閉氣。
6. 一邊呼氣，一邊將手臂彎曲，胸部觸地，向前移動，膝蓋支撐在地面。
7. 拉伸手臂，將脊柱後傾，下半身貼在地面。吸氣。
8. 雙手和雙腳著地，提升腰部，直到拉伸大腿和手臂，形成倒置的 V 字形。在此過程中呼氣。
9. 將相同的一條腿向前伸，置於雙手之間，彎曲腿部，直到膝蓋和腳與頭部在一條直線上。吸氣。
10. 保持雙手在地上，站直雙腿，與步驟3相同。呼氣。
11. 手掌合十，舉到頭頂上方，像步驟2那樣將背部後傾，同時吸氣。
12. 將手臂放回起始位置，同時呼氣。

你將以這種方式向太陽行禮，為迎接美妙的一天做好準備。

吸氣

呼氣

吸氣

呼氣

呼氣

吸氣

吸氣

閉氣

呼氣

呼氣

吸氣

太極拳

　　太極是來自中國的武術，在日本很受歡迎，第一所太極學校可以追溯到幾百年前的佛教和儒教時期。

　　傳說中，太極拳的創始人是張三豐[註48]，道教中人，也是武術大師；而將太極傳播到世界其他地方的則是十九世紀的楊露禪[註49]。

　　最初，太極屬於內家拳，是內在的，也就是說它尋求的是自我超越。太極的目的是自我防禦，教會練習者使用盡可能少的力量擊敗對手，並強調敏捷性。

　　到了後來，太極拳也被認為是一種治癒身體和心智的方式，逐漸成為一種增強健康與達到內心平靜的練習法。中國政府以太極鼓勵全民健身，因此它也漸漸從一門武術變成了適合所有人的養生之道。

註48　張三豐（生卒年不詳），元末明初道士。
註49　楊露禪（1799-1872），楊氏太極拳的奠基人物，清代武術太極拳成名之關鍵人物。

太極的類型

世界上有各種各樣的太極學校和太極類型，歷史上主要的太極類型有：

- 陳氏太極：其特色是緩慢的和爆發性的動作交替進行。
- 楊氏太極：緩慢、流暢的動作，是最普遍的太極。
- 吳氏太極：使用短動作，動作很慢卻深思熟慮。
- 武氏太極：外部的動作幾乎是微觀的，因為它側重於體內的運動。它是最少人練習的太極類型，即便是在中國。

無論選擇哪種風格的太極拳，它們都有同樣的目標：

1. 用靜態控制運動。
2. 以微妙超越力量。
3. 最後移動，最先抵達。
4. 知己知彼。

練習太極拳的10項基本原則

根據楊澄甫大師[註50]的說法，正確練習太極需要遵循以下10項基本原則：

1. 抬頭，將能量集中在頭部。
2. 胸部收縮，背挺直，讓下半身更輕。
3. 放鬆腰部，才能轉動全身。
4. 區分重與輕，才能辨別將體重放在身體的哪個部位。
5. 放鬆肩部，讓能量流通、肘部自由。
6. 讓心智的創造性優先於身體的力量。
7. 將上半身和下半身聯繫起來，一起行動。
8. 聯繫體內與體外，使大腦、身體和呼吸同步。
9. 將精力集中在動作上，不受打擾，使動作流暢和諧。
10. 在動作中尋找平靜。身體的動作將使得大腦放鬆。

註50　楊澄甫（1883-1936），楊氏太極拳的主要創編人。

雲手

太極拳中最著名的練習是模仿雲的流動，稱為「雲手」。
請按照以下步驟進行：

1. 手臂向前伸展，手掌朝下。
2. 雙手向內轉，彷彿擁抱一棵樹的姿勢。
3. 向兩側張開雙臂。
4. 右手臂向上並向中心旋轉，左手臂向下並向中心旋轉。
5. 在身體前畫一個假想的球。
6. 將右手轉向臉部。
7. 將體重移到右腳，身體的重心也轉移到右臀，同時目光跟隨手而移動。
8. 改變雙手的位置，將右手移到腰部，左手移向臉部。
9. 將身體重心移到左腳。
10. 身體的重心轉移到左臀，同時目光跟隨左手而移動。
11. 流暢地重複以上動作，在改變手的位置時移動身體的重心。
12. 重新將手臂向前伸展，並慢慢地垂下，回到起始姿勢。

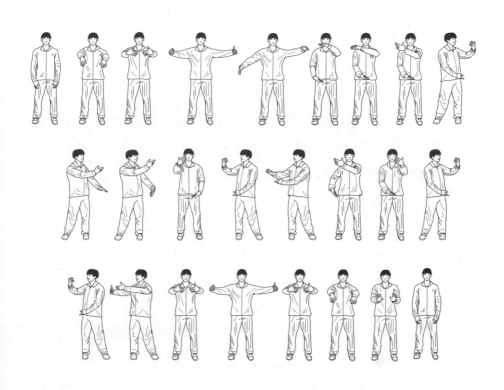

對健康和長壽有益的東方運動

氣功

「氣」是維持生命的能量，「功」是工作之意。合在一起，氣功的目的即是讓維持生命的能量運作。儘管氣功這個概念比較現代，尤其是如今使用的術語，然而氣功實則是源自古代的導引——旨在改善精神狀態和增強體魄的東方藝術。

在20世紀早期，中國就開始出現眾多關於運動和武術的書籍；到三○年代，氣功被用於醫療上，譬如董浩所著、用於治療肺結核的《氣功治療法》。隨後，和太極拳一樣，中國也開始推廣氣功這項運動。

氣功透過身體，可以用靜態或動態運動來練習，它能刺激呼吸，無論是站式、坐式還是拉伸式。氣功有多類型，但目的都是加強已有的能量並進行再生。儘管氣功的動作一般都比較溫和，卻是一項相當激烈的練習。

氣功的益處

世界各地所做的眾多科學研究都顯示，氣功與太極或瑜伽相同，對身體健康大有益處。

正如桑西耶（Kenneth M. Sancier）博士在《氣功的醫療

應用》（*Aplicaciones médicas del Qigong*）一文中指出的，已得到科學分析證明的氣功益處包括了：

- 改變腦波。
- 改善性激素的平衡。
- 減少心臟病發作死亡的機率。
- 改善高血壓患者的血壓。
- 增強骨質密度。
- 改善血液循環。
- 減緩衰老症狀。
- 增強身體機能的效率和平衡。
- 改善大腦血液循環和身心的溝通。
- 增加新功能的強度。
- 降低癌症治療的副作用。

　　練習氣功不僅有助於保持良好的體態，還能維持身體健康，藉著改善健康和保持活躍而延年益壽。

練習氣功的方法

要想正確地練習氣功，首先要知道維持我們生命的能量如何在全身流動。於是，我們需要掌握規範身體各個部分：

1. 調身（調節身體）：為了獲得正確的姿勢，站穩在地上非常重要。
2. 調息（調節呼吸）：直到呼吸平靜、柔和，且充滿和平。
3. 調心（調節心智）：這是最難的一部分，需要停止思考。
4. 調氣（調節維持生命的能量）：通過前面三項調節，使氣息自然流暢。
5. 調神（調節精神）：保持精神，正如楊俊敏[註51]博士在《太極氣功的要點》中寫的，「精神是戰鬥的力量和根基」。

按照這種方式，身體將能夠為了同一目標而協調運作。

註51　楊俊敏（1964-），中國武學大師。

練習氣功的5個元素

氣功中最著名的練習之一，是將5個元素彼此連接，它們是：

土、水、木、金、火。

這一系列的動作試圖尋求這5種能量之間的平衡，進而改善身心功能。

練習的方法有很多，在此我們將介紹巴塞隆那氣功研究所瑪麗亞·伊莎貝爾·加西亞·蒙雷亞爾（María Isabel García Monreal）教授的練習方法：

土

1. 分開雙腿，雙腳與肩齊寬。

2. 微微分開腳趾，強化站姿。

3. 保持肩膀放鬆、下垂，手臂下垂，與身體微微分開（紮根姿勢）。

4. 一邊吸氣，一邊舉高雙臂，直到與肩齊平，手掌朝下。

5. 一邊呼氣，一邊彎曲膝蓋，放下手臂，直到手到達腹部的高度，手掌朝內。

6. 保持這個姿勢幾秒鐘，將注意力集中在呼吸上面。

水

1. 從「土」的姿勢繼續：彎曲膝蓋，身體下蹲，保持軀幹挺
   直。在該過程中呼氣。

2. 將尾骨向下推，伸展腰部。

3. 一邊吸氣，一邊站起，恢復「土」的姿勢。

4. 重複該練習3次。

木

1. 從「土」的姿勢開始：一邊吸氣，一邊將手掌朝上，雙臂向身體兩側張開、畫圈，直到兩手抵達鎖骨前。轉動雙手，讓手掌和肘部朝下，同時保持肩部放鬆。

2. 一邊呼氣，一邊反向運動，雙臂向下畫圈，回到最初的姿勢。

3. 重複該練習3次。

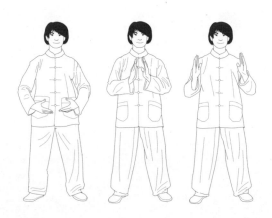

金

1. 從「土」的姿勢開始：抬起手臂，直到雙手位於胸前。

2. 手心相對，手掌間保持約10公分的距離，手指放鬆，微微分開。

3. 一邊吸氣，一邊將雙手分開，置於肩前。

4. 一邊呼氣，一邊將雙手並攏，恢復步驟2的姿勢。

5. 重複該動作3次，在每次雙手靠近時感覺肺部氣息的壓縮。

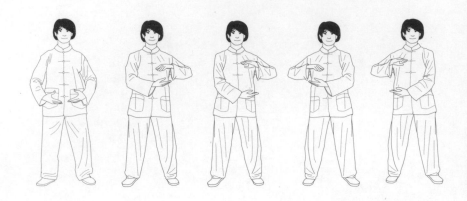

火

1. 從「土」的姿勢開始：一邊吸氣，一邊抬起雙手，舉到心臟的高度，一隻手稍微高於另一隻手，手心相對。

2. 轉動雙手，感受心臟的能量。

3. 腰部稍稍左傾，同時保持放鬆軀幹，手肘與地面平行。

4. 分開雙手，保持手心相對，一隻手舉到肩部的高度，另一隻手降到腹部的高度。

5. 呼氣，雙手再次在心臟前聚攏。

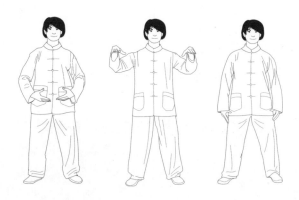

收勢

1. 從「土」的姿勢開始：吸氣，再次將雙手舉到肩部的高度，手掌朝下。

2. 一邊呼氣，一邊將雙臂放下，手臂放在身體兩側，回到起始的紮根姿勢。

指壓

指壓來自日本，是 20 世紀初期為了治療關節炎所研發。指壓同樣也側重於能量的工作，藉由壓力、尤其是透過拇指和手掌的施壓來施作。

指壓結合了拉伸和呼吸練習，試圖在體內的不同元素之間創造平衡。

導引（保持健康的練習）有沒有名字並不重要，是否模仿了什麼或刻在玉石上也不重要，重要的是真正練習的技術和精髓。拉伸和收縮、低頭和抬頭、走幾步、躺下、休息或站立、行走或慢走、尖叫或呼吸……一切都可以是導引。[註52]

—— 葛洪

註52　原文出自葛洪《抱朴子》內篇後附〈別旨〉：夫導引不在於立名象物粉繪表形著圖，但無名狀也。或伸屈，或俯仰，或行臥，或倚立，或躑躅，或徐步，或吟或息，皆導引也。

改善呼吸，促進長壽

出版於13世紀的《修真十書》收集了不同來源的資料，用以培育身心，在西方被稱為「達到完美修行的10本書」。

該書摘錄的內容作者，包括了中國6世紀的名醫和散文家孫思邈[註53]。深切瞭解東方傳統的孫思邈告訴我們，如何根據不同的季節改善生活：

在春天，呼吸「噓」，能夠讓視覺清晰，而木則對肝臟有益。在夏天，呼吸「呵」，讓心臟與火和平相處。在秋天，呼吸「呬」，穩定自己，與金相聚，保持肺濕。之後，在冬天，為了保護腎臟，呼吸「吹」，觀察體內液體的平靜。在一年四季做深呼吸，可健脾消食。當然，要避免大聲呼氣，甚至不要讓自己的耳朵聽見你的呼氣。這個練習非常不錯，更勝於維護你健康的不老仙丹。[註54]

註53　孫思邈（581-682），唐朝著名的醫師與道士。
註54　原文出自孫思邈的《四季行工養生歌》：「春噓明目木扶肝，夏至呵心火自閑。秋呬定致金肺潤，腎吹惟要坎中安。三焦嘻却除煩熱，四季常呼脾化餐。切忌出聲聞口耳，其功尤勝保身丹。」這裡的噓、呵、呬、吹是指鼻子吸氣、從嘴巴徐徐吐出，同時嘴要做出4種聲音的嘴型來吐氣，而且不能發出聲音來。

Chapter. IX

韌性和侘寂（wabi-sabi）

如何面對生活中的問題和變化，
—— 避免壓力與焦慮帶來的衰老

什麼是韌性？

那些擁有明確的 *ikigai* 的人，共同點之一就是無論發生什麼，他們都能保持熱情。在生活中遇到挫折、一切都成為障礙時，他們從不放棄。無論發生什麼，他們都堅持繼續奮鬥。

我們在談的即是韌性，這個心理學概念在近數十年日漸流行。

韌性不僅僅是堅持、戰鬥到底的能力，我們將在這個章節中看到，它同時也是一種可以培養的態度，讓我們專注於生活中最重要而非最緊急的事物上，避免被捲入負面情緒。

在最後一部分，我們將探討超越韌性的方法，並增強我們的反脆弱性。

我們每個人遲早都會遭遇困難的時刻，而應對這些時刻的方式能夠很大程度地改變我們的生活品質。韌性能鍛鍊我們的頭腦、身體和情緒狀態，是我們面對挫折的基石。

「Nanakorobi yaoki」（七転び八起き）

——如果你摔倒了7次，那麼請在第8次站起來（日本諺語）

韌性是我們應對挫折的能力。韌性愈大，我們愈能夠站起來、重新找回生活的意義。

擁有韌性的人能專注於自己的目標，專注在重要的事上而不被沮喪打敗；韌性的力量來自彈性，來自適應變化和承受命運打擊的能力。韌性著重於我們能夠控制的因素，而不去擔心那些無法控制的事情。

正如萊茵霍爾德・尼布爾[註55]在他著名的祈禱中所言：

主啊，請賜予我們恩典
讓我們平靜地接受
無法改變之事
並賜予我們勇氣
改變應當改變之事，
以及用以區分它們的
智慧。

註55　Reinhold Niebuhr, 1892-1971，美國神學家。

培養情感韌性的斯多葛主義和佛教

悉達多・喬達摩[註56]（佛陀）出生時是迦毗羅衛國的王子，住在皇宮裡享受著榮華富貴。他在16歲時結婚，並育有一子。

財富和家庭並沒能滿足悉達多，在29歲的時候，他決定嘗試一種不同的生活方式，因此逃離皇宮，開始過苦行者的生活。然而，禁欲主義依然無法使他獲得想尋求的幸福和安樂；極端的財富或禁欲都不能滿足他的需求。他意識到，智者是不該忽視生活中的樂趣的。他可以與樂趣一起生活，但同時也應該在任何時候都提醒自己，成為樂趣的奴役是多麼容易的一件事。

季蒂昂的芝諾[註57]最初是在犬儒派學校接受教育。犬儒派學者實行苦行者的生活方式，放棄塵世的一切樂趣。他們住在大街上，唯一的財產是身上穿著的衣服。

芝諾發現犬儒主義無法帶給他安樂，因此他選擇離開，並創建了斯多葛派學校。他的哲學首先肯定了享受生活中的樂趣並沒有錯，只要在享受時不被樂趣控制就好。因此，我們也要

註56　釋迦牟尼，古印度著名思想家、佛教創始人。
註57　Zenon Kitieus, 約336-264 B.C.，古希臘哲學家。

隨時做好樂趣可能消失的準備。

我們的目標並不是要消除生活中的所有情感和樂趣（犬儒主義），而是要消除那些負面情緒。無論是斯多葛主義還是佛教，自創建以來，其目標之一即是控制我們的樂趣、欲望和情緒。儘管這兩種哲學差異很大，但它們共同的目標都是削弱自我（ego），並控制負面情緒。

斯多葛主義和佛教的本質皆為「修身養性」。在斯多葛主義看來，人擁有的欲望和樂趣都不是問題，只要能控制它們，也就可以享受它們。對斯多葛派而言，那些成功控制自我情緒的人才稱得上大師。

可能發生的最糟糕事情是什麼？

在做了一段時間夢想中的工作後，我們又會想要換一份更好的工作。如果中了彩券、買了一部車，過一段時間，我們也許會想要一艘帆船。當我們終於成功征服了夢寐以求的男人或女人時，突然，我們可能又會對另一個人感興趣了。

人類真是貪得無厭。

對於斯多葛派而言，這一類的欲望和野心並不值得追隨。

大師的目標是獲得寧靜（Apatheiaa[註58]）：不存在負面情緒——諸如焦慮、恐懼、遺憾、虛榮、憤怒等。只存在像是歡樂、友愛、平靜和感激等正面情緒。

為了保持良好的心態，斯多葛派會做一種類似「消極視覺化」（Negative Visualization）的練習，想像「可能發生的最糟糕事情」，那麼當生活中某些特權和樂趣消失的時候，我們才能有所準備。

練習「消極視覺化」，我們需要思考負面的事件，但又同時不要為這些事而擔憂。

古羅馬最富有的人之一塞內卡[註59]，一生過著極其奢華的生活，卻也是斯多葛主義的練習者。他建議人們在每天晚上入睡前反省自身，並練習「消極視覺化」。他不僅將消極情況視覺化，還將它們付諸實行：比方在沒有僕人、也不像富人那般吃喝的情況下生活一個禮拜。因此他才能夠回答這個問題：「可能發生的最糟糕事情是什麼？」

註58　希臘語，意為「無欲心境」。
註59　Seneca, 約4-65 B.C.，古羅馬時代著名的哲學家、政治家和劇作家。

冥想醫治情緒

除了消極視覺化和不受負面情緒影響，斯多葛主義的另一主旨是確認哪些事情是受我們控制的、哪些不是——這也是萊茵霍爾德·尼布爾的禱告內容。

為完全屬於我們控制範圍之外的事物擔心，是毫無意義的。我們必須清楚地知道，哪些是我們能控制的、哪些不是，才能學會不被負面情緒所淹沒。

「人並非受事件影響，而是受如何看待事件的方式影響。」愛比克泰德[60]如是說。

佛教禪宗透過冥想，認清自我的情感和欲望，並擺脫它們。冥想不僅僅讓大腦一片空白，還能夠觀察出現的想法與情緒，且不受它們的影響。按照這種方式，我們可以訓練心智不被憤怒、嫉妒或怨恨等淹沒。

佛教中最常見的真言之一、6 字大明咒「唵嘛呢叭咪吽」，就是用來控制負面情緒的。「唵」是淨化自我的慷慨，「嘛」是淨化嫉妒的道德，「呢」是淨化激情和欲望的耐心，「叭」是淨化偏見的勤奮，「咪」是淨化貪婪的放手，「吽」是

註60　Epictetus, 約 55-135，古羅馬新斯多葛派哲學家。

淨化仇恨的智慧。

事物的當下性與無常性

培養韌性的另一個關鍵，是要知道我們活在什麼時刻。無論是佛教還是斯多葛主義都提醒我們，唯一存在並受我們控制的是當下。我們不應當為過去或將來擔心，而是應該欣賞事物在當下、此刻的面貌。

「我們在這兒、活在當下，我們活著的唯一時刻即是當下。」釋一行禪師如是說道。

除了事物的當下性，斯多葛主義也建議我們思忖周遭事物的無常性。

羅馬皇帝馬可·奧理略[註61]曾說：「我們熱愛的事物就像樹葉，任何時候，只要起風，它們就可能掉落。」他還說：「周遭的變化都不是偶然，而是宇宙精華的一部分。」事實上，這個想法非常充滿佛教特色。

我們必須意識到，所擁有的一切以及所愛的人，都會在某個時刻消失。這應當銘記在心，但同時也不要悲觀。意識到事

註61　Marcus Aurelius, 121-180，羅馬帝國五賢帝時代的最後一個皇帝。

物的無常性並不該使我們難過，而是要教會我們熱愛當下和身邊的人事物。「人世間的事物都容易腐爛，生命短暫。」塞內卡說。短暫、轉瞬即逝和無常，是佛教教義的中心思想。意識到這點，能幫助我們減輕失去的痛苦。

「侘寂」和「一期一會」

「侘寂」（wabi-sabi）是種日式美學，它呈現我們身邊腐壞、易變和不完美的美。我們不去尋找完美的美，而是尋找不完美的美、不完整的美。

這就是為什麼日本人會喜歡形狀不規則、中間有一條裂紋的杯子。

只有不完美的、短暫的和不完整的事物，能擁有真正的美，因為這才是大自然的本質。

與之互補的另一個日本概念是「一期一會」（ichi-go ichie），可以翻譯為「在此刻只存在當下，它將不會再次出現」。尤其是在人與人的聚會中，這個概念提醒著我們，每一次見面——無論是和朋友、家人還是陌生人——都是獨一無二且不會再次發生的。因此我們該享受當下，不為過去或將來擔憂。

「一期一會」的概念常用在茶道、坐禪和日本武道中。當下是這些藝術的引線。

　　在歐洲，我們已經習慣了教堂和石頭建築的永恆不變。有時候，這使我們感到什麼都沒改變、忘了時間的流逝。希臘羅馬式的建築就熱愛使用對稱且完美的線條、雄偉的外牆和穿越幾個世紀的神像；相反地，日式建築通常不雄偉，也不試圖達到完美，而是遵循「侘寂」的精神，傳統的木結構也事先假定該建築不會存在太長久，需要後代的重建。日本文化接受人類和人類所創造的一切都具有易腐壞性。幾千年來，日本的伊勢神宮每20年就需要重建一次。對日本人而言，建築物能長時間屹立不倒並不是最重要的，維持傳統和習俗才是。傳統和習俗能夠穿越時間，甚至超越人類修建的建築物年歲。這其中的關鍵是要「接受」有些事情是我們無法控制的這項事實，比如時光的流逝，又比如我們身邊事物的轉瞬即逝。

　　「一期一會」教導我們應著眼於當下、享受生命中每個獨一無二的時刻。也因此，我們應該努力尋找並遵循自我的 *ikigai*；而「侘寂」則教會我們欣賞不完美的美麗。

反脆弱，超越韌性

相傳海格力士[註62]在第一次面對勒拿的9頭蛇[註63]時，感到非常絕望，因為他每砍掉9頭蛇的其中一個頭，牠就會再長出2個頭來。如果9頭蛇在每次被砍後反而變得更強大，那麼海格力士永遠不可能殺死牠。

出生在黎巴嫩的散文家尼古拉斯・塔萊布[註64]在《反脆弱》（*Antifragile*）一書中寫道，我們創造「脆弱」一詞，是為了指代那些在受到傷害時，力量被削弱的事物、人或組織；我們創造「堅韌」、「彈性」這樣的詞，則是用於那些能夠承受傷害、不被打敗的事物。然而，在任何一門語言中，都沒有詞語指代那些在遭受（一定程度的）傷害時，反而變得更加強大的事物。

為了描述勒拿的9頭蛇在遭受傷害時變得更加強大的那種能力，尼古拉斯・塔萊布提出一個新名詞：反脆弱。

這個概念的背後，是尼采的那句名言：「那些沒能殺死我

註62　Heracles，希臘神話中的英雄。
註63　Hidra de Lerna，希臘神話裡一種傳說中有9個頭的大蛇。
註64　Nicholas Taleb, 1960-，黎巴嫩裔美國人，知名思想家，經驗主義者，金融業人士，風險工程學教授，哲學隨筆作家。

們的，會使我們更強壯。」

災難或不尋常的事件是解釋反脆弱現象的絕佳例子。2011年，在日本東北地區發生的海嘯，對沿海數十個村莊和城市造成了巨大的破壞，許多人失去性命，很多村莊也完全消失。

在海嘯發生2年後，我們來到受災的海岸，沿著有裂痕的公路行駛了很長一段時間，經過了若干被廢棄的加油站，穿過了好幾個鬼村——坍塌的房屋、毀壞的街道、堆疊的汽車和廢棄的火車站；這些「脆弱」的村子被政府遺忘了，救援工作無法抵達該處。

其他一些地方——比如石卷市和氣仙沼市——也遭到嚴重破壞，然而它們受到許多幫助，得以在幾年間獲得重建。石卷市和氣仙沼市展現了它們在災難發生後恢復正常的「堅韌」和能力。

地震也損毀了福島核電廠，而TEPCO（東京電力）的工程師沒能為大災難和災後重建做好準備。福島核電廠至今依然處於緊急狀態，而且恐怕會延續幾十年。福島核電廠的事例顯示了它在未知災難事件面前的巨大「脆弱性」。

在2011年3月的大地震發生幾分鐘後，日本的金融市場隨即關閉。哪一類企業在地震後的那幾分鐘以及之後的幾週內

漲幅最多？由於整個東北地區海岸的重建需求，大型建築公司的股票自2011年起就一直保持增長的態勢。在這裡，日本建築業從巨大的災難中深深受益，表現出其強大的「反脆弱」。

現在，讓我們看看如何將這個概念應用在日常生活中：如何才能增強我們的反脆弱性？

第1步：為我們的生活添加點額外事物

與其只擁有一份薪水，不如想辦法從興趣愛好中找到賺錢的辦法，或者做其他工作，或擁有自己的生意。如果你只有一份薪水，萬一公司出現問題或經營不善，你將一無所得、被置於「脆弱」的位置。相反地，如果你有多個選擇，那麼在丟了一個工作的情況下，還可以將更多時間花在副業上，甚至有可能賺更多的錢。你也許會在「厄運」面前獲利，展現反脆弱性！

我們在大宜味村採訪的老人中，100％的受訪者都擁有一份主業和一份副業。他們大多數人都把果園作為副業，在當地市場中出售從果園裡收穫的蔬菜。

同樣的道理也可以應用在朋友和個人利益中。正如英文諺語所說：「不要把全部的雞蛋都放在同一個籃子裡。」

在愛情關係裡，有人完全專注於自己的伴侶，將對方視為自己的全世界；如果這段關係破裂，他們將失去一切；但擁有好友和充實生活的那些人，會更容易應對感情的災難，擁有「反脆弱性」。

也許此刻你心裡在想：「我不需要多一份工作和薪水，和我的老朋友在一起也就很幸福了。為什麼我需要為自己增添東西？」用塔萊布的話來回答：「也許這看起來是浪費時間，因為通常情況下都不會有意外發生。然而，人生總是會出現一些意料之外，只是遲早的問題。」

第2步：在某些方面保守一些，
而在另一些方面冒點小風險

用金融世界來解釋這個概念再合適不過了。如果你現在有1萬歐元的存款，可以將其中的9,000歐元投資在指數基金，或存入定期存款，並將另外1,000歐元用於投資10家有可觀成長空間的年輕公司、每間投資100歐元。可能出現的一種情況是，其中的3家公司破產了（你將損失300歐元），另外3家公司股市虧損（你將再損失100或200歐元）；2家公司增值（你將賺得100或200歐元），而另一家公司的價值增長了10

倍或更多（你將賺得900歐元甚至更多）。簡單計算一下，你
會發現儘管有3家企業破產了，你依然賺到錢！你會像勒拿的
9頭蛇那樣，儘管受到一些傷害，卻能從中獲利。

獲得「反脆弱性」的關鍵在於冒些小風險，它們可能會帶
來巨大的利益，並且不會造成災難性的危害。與之相反的例子
是，將1萬歐元全部投資於一家在報紙廣告上看到的、信譽可
疑的投資基金。

第3步：去除那些使我們脆弱的事物

試著以消極的方式來做這個練習。首先問問你自己：什麼
會使你脆弱？因為有一些事物、人或習慣會為我們帶來損失、
讓我們變得脆弱。那麼它們是什麼？

在我們羅列新年願望時，常常強調為生活增添新的挑戰。
這種類型的目標當然很好，然而更能影響我們的，則是列出需
要「去除」的目標。比方：

- 不要在正餐間吃零食。
- 1週只有1天可以吃甜食。
- 漸漸擺脫所有的債務。

- 不要與惡人待在一起。

- 不要僅僅出於義務，花時間做不喜歡做的事情。

- 每天查看臉書的時間不超過20分鐘。

　　為了建立一個充滿韌性的生活，我們不應該害怕逆境，因為所有逆境都是成長的潛力。如果我們以「反脆弱性」的姿態面對生活，將能夠在每一次打擊中變得更強大、完善生活方式，並始終專注於我們的 *ikigai*。

　　承受打擊可以被視為某種不幸，也可以當作能應用於生活各層面的「經驗」，不斷糾正錯誤，並設定更高更遠的目標。

　　如「侘寂」所說，生活是純粹的不完美。時間的推移向我們表明，一切皆將轉瞬即逝。然而，如果擁有明確的 *ikigai*，你將能在每一刻容納更多種可能，讓每一刻都變成永恆。

尾聲

——*Ikigai*，生活的藝術

相田光男是日本20世紀最重要的書法家和俳句家之一，也是畢生致力於一個非常明確 *ikigai* 的日本人範例：使用毛筆（日本書法）、透過17個音的詩句表達感情。

他的許多俳句充滿了哲學性，表達當下和時間流逝的重要性。

例如，下面這句相田光男的俳句可以翻譯為：「現在這裡唯一存在的即是我的生活和你的生活」。

いまここにしかないわた　しのいのちあなたのいのち

而下面的這句，他僅僅寫下了2個詞：「現在，這裡」。這個藝術作品想要喚起觀眾 *mono no aware*（物哀）的情感。

いまここ

下面這一句講述的，是在日常生活中擁有 *ikigai* 的祕訣之一：「幸福與否是由你的心決定」。

しあわせはいつも　自分の心がきれる

相田光男的最後這一句話，意思是：「繼續下去，不要改變你的道路」。

そのままでいいがな

一旦找到了屬於你自己的 *ikigai*，接下來就要每天遵循它，讓你的存在更有意義。當你賦予了生活意義，你會發現，即使是最日常的任務也會成為快樂的「心流」，就像這位在紙上書寫的書法家，又像半個世紀後、依然帶著愛為食客準備壽司的那位廚師。

ikigai 的 10 大定律

讓我們以大宜味村長者充滿智慧的 10 項定律來結束這段旅程吧：

1. 持續保持積極忙碌，永不退休。放棄做心愛、擅長事情的人，將失去生活的意義。因此，即使在結束了「官方的」工齡以後，繼續做一些有價值的事也非常重要，這樣才能為他人帶來美或益處，有助於塑造我們的小世界。

2. 冷靜面對。倉促與生活品質成反比。有句古老的諺語是這樣說的：「慢慢走的人，往往走得更遠。」當我們把緊急和倉促放在一邊，時間和生活會擁有新的定義。

3. 不要吃得太飽。長壽的飲食也遵循「少即是多」的道理。根據「80% 定律」，為了保持健康，我們不該暴飲暴食，而應只吃到八分飽。

4. 有好朋友圍繞。解決焦慮的萬能藥是與朋友談天，聊聊有趣的事情、尋求朋友的建議，一起找樂子、一起分享、一起做夢……。總之，這才是生活。

5. 為了你的下一個生日而活動身體。流動的水才是新鮮的，不是死水。同樣地，生命的軀幹也需要日常維護，才能持久。而且，運動也會分泌幸福的荷爾蒙。

6. 微笑。友善的態度既能讓你交到朋友，也能讓你放鬆自己。能意識到壞事當然不錯，然而我們也不應該忘了能活在這個充滿可能性世界的特權。

7. 回歸大自然。儘管當今大多數的人都居住在城市中，然而人類天生是為了與大自然結合的造物。我們需要定期回歸大自然，為身體充充電。

8. 心懷感激。對你的先人、對為你提供空氣和食物的大自然、對你生命中的伴侶，對照亮你每一天、讓你感到活著的幸福

的所有人心懷感激。每天特地安排一個時間來感激生活，可以增強你的幸福感。

9. 活在當下。不要為過去而遺憾，也不要為未來而害怕。你所擁有的一切即是今天。最大限度地活在當下，使它能夠得以銘記。

10. 遵循你的 *ikigai*。在你的體內有一種熱情、一種獨一無二的才華，它將賦予你生活的意義並鼓舞著你直到生命盡頭。如法蘭克所說，如果你還沒有找到它，那麼你的下一個任務就是尋找它。

作為本書的作者，我們希望你能擁有一個長壽、幸福、充滿意義的生活。

謝謝有你陪伴我們。

埃克特・賈西亞

法蘭塞斯克・米拉萊斯

國家圖書館出版品預行編目 (CIP) 資料

富足樂齡：IKIGAI, 日本生活美學的長壽祕訣 / 埃克
　　特・賈西亞 (Héctor García), 法蘭塞斯克・米拉萊
　　斯 (Francesc Miralles) 著；歐陽石曉譯 . -- 初版 . --
　　新北市：文經社, 2020.05
　　面；　公分 . -- (Health；22)
　　譯自：IKIGAI
　　ISBN 978-957-663-786-5（平裝）

　　1. 生活指導　2. 生活美學　3. 日本

　　177.2　　　　　　　　　　　　　　109004229

Ⓒ文經社
Health 0022
富足樂齡： IKIGAI，日本生活美學的長壽祕訣

作　　　者　埃克特・賈西亞（Héctor García）、法蘭塞斯克・米拉萊斯
　　　　　　（Francesc Miralles）
譯　　　者　歐陽石曉
責任編輯　張立雯
封面設計　倪旻鋒
版面設計　廖雪雅
主　　編　謝昭儀

出 版 社　文經出版社有限公司
地　　址　241 新北市三重區光復一段 61 巷 27 號 11 樓之 1
電　　話　(02)2278-3158、(02)2278-3338
傳　　真　(02)2278-3168
E－mail　cosmax27@ms76.hinet.net

印　　刷　永光彩色印刷股份有限公司
法律顧問　鄭玉燦律師

發 行 日　2020 年 5 月初版　第一刷
定　　價　新台幣 320 元

Copyright © 2018 by Héctor García and Francesc Miralles
Published by arrangement with Sandra Bruna Agencia Literaria S.L., through
The Grayhawk Agency.
Printed in Taiwan

若有缺頁或裝訂錯誤請寄回總社更換
本社書籍及商標均受法律保障，請勿觸犯著作法或商標法